JN334875

ホワイトカラーの
仕事とキャリア
スーパーマーケット店長の管理

乗杉澄夫
Norisugi Sumio

岡橋充明
Okahashi Mitsuaki

法律文化社

目　次

序　章 ▎課題と方法 ………………………………………………… 1
1　課題と問題意識 ……………………………………………… 2
（1）課題：仕事，管理，キャリア　2
（2）問題意識と先行研究　2
（3）主な論点：店舗管理とその変容　5
（4）その他の論点：パートの基幹化，人事異動，正社員のキャリア　7
2　資料と方法 …………………………………………………… 10
3　謝　　辞 …………………………………………………… 11

第1章 ▎分析の諸前提 ……………………………………………… 15
1　A社の概要 …………………………………………………… 16
（1）歴　史　16
（2）組織と店舗　17
2　人　　員 …………………………………………………… 18
（1）フルタイム人員　18
（2）パート・アルバイト　21
3　人員政策とその影響 ………………………………………… 22
（1）人件費の増加抑制と人員政策　22
（2）正社員の採用状況と勤続・年齢構成　24

第2章 ▎店舗管理の変容 …………………………………………… 27
1　フルタイム人員の削減とパートの基幹化 ………………… 28
（1）フルタイム人員の削減とパート化　28
（2）フルタイム人員削減の構成要素　29

（3）基幹パートの育成　32
　2　店舗を超えた部門管理……………………………………………………33
　　　（1）トレーナー化　33
　　　（2）スーパーバイザーの強化　37

第3章　店舗と店長の管理……………………………………41

　1　店　舗　予　算………………………………………………………………42
　　　（1）店舗予算とは　42
　　　（2）予算編成　44
　2　店舗業績の管理……………………………………………………………46
　　　（1）営業数値の管理　46
　　　（2）営業会議　46
　　　（3）日常的・個別的管理　47
　3　人事処遇制度………………………………………………………………48
　　　（1）成果主義的管理　48
　　　（2）人事考課　49
　4　店長の意識…………………………………………………………………49
　　　（1）アンケートの概要　50
　　　（2）財務的指標と人事考課　50
　　　（3）予算達成度と人事考課　51
　　　（4）予算編成と労働条件　53

第4章　店長による店舗管理……………………………………55

　1　店長の仕事…………………………………………………………………56
　　　（1）店舗運営のPDCAサイクル　56
　　　（2）制約条件と規模による違い　56
　2　店舗運営のDo：店舗の直接的管理……………………………………58

　　　　　　　　　　　　　　　　　　　　　　　　　　　　目　次

　　　（1） 資産管理　58
　　　（2） 商品と商品部門の管理　58
　　　（3） 人員の管理　61
　　　（4） 顧客の管理　63

　3　店舗運営の Check と Act ……………………………………………… 63
　　　（1） 店舗運営の Check　63
　　　（2） 店舗運営の Act：発見された問題への対処　65

　4　変容する店舗管理の影響 ……………………………………………… 66
　　　（1） 発　注　67
　　　（2） 見切り　68
　　　（3） 販売計画　68
　　　（4） 出身以外の部門について　69

　5　店長に求められる能力 ………………………………………………… 70

第5章　人　事　異　動 ……………………………………………… 73

　1　人事異動の種類 ………………………………………………………… 74
　　　（1） 職位との関係　74
　　　（2） 異動の時期　76
　　　（3） 新店・廃店の異動　78

　2　人事異動のメカニズム ………………………………………………… 78
　　　（1） 店長の異動　78
　　　（2） スーパーバイザー，バイヤー，チーフ等の異動　79

　3　人事異動の連鎖 ………………………………………………………… 80
　　　（1） 定期異動　80
　　　（2） 新店・廃店の異動　84

　4　人事異動と店舗管理 …………………………………………………… 86
　　　（1） 人事異動の頻度と間隔　86

（2）店舗管理への影響　89
　　　（3）他の事例との比較　90

第6章　正社員のキャリア分析 …………………………………… 93

1　分析対象 ………………………………………………………… 94
2　初任者教育と初任配属 ………………………………………… 95
　　　（1）初任者教育　95
　　　（2）初任配属　95
3　経験部門 ………………………………………………………… 98
4　昇　　進 ………………………………………………………… 100
　　　（1）分析方法　100
　　　（2）昇進年次と昇進順位　102
　　　（3）特に早い昇進と人事処遇制度　106
　　　（4）昇進年次の時期的変化　107
5　早い昇進と人事処遇制度 ……………………………………… 109

第7章　店長のキャリア ……………………………………………… 113

1　店長の勤続・年齢構成の変化 ………………………………… 114
2　店長の経験部門 ………………………………………………… 114
3　店長の役職経験 ………………………………………………… 118
　　　（1）店長としての経験　118
　　　（2）店長以外の職位　119
4　役職経験の豊富化 ……………………………………………… 121
　　　（1）豊富化の意義　121
　　　（2）豊富化の全体　122
　　　（3）豊富化の内訳　123
　　　（4）豊富化の効果　125

目　次

参考文献　127
あとがき　135
初出一覧　138

図表目次

図表 1-1　A社財務指標　16
図表 1-2　A社組織図　17
図表 1-3　正社員の職位別・配属場所別分布　19
図表 1-4　フルタイム人員の部門別・配属場所別分布　20
図表 1-5　正社員採用者数の推移　22
図表 1-6　人員構成の推移　23
図表 1-7　正社員の勤続年数別割合　24
図表 1-8　正社員の年齢別割合　25
図表 2-1　14店舗従業員の内訳　28
図表 2-2　14店舗フルタイム人員の推移　29
図表 2-3　14店舗フルタイム人員の部門別・職位別内訳　30
図表 2-4　14店舗の担当の部門別・年齢別内訳　31
図表 2-5　トレーナー等の人員の推移　34
図表 2-6　トレーナーの対チーフ等比率　35
図表 2-7　部門ごとの配属タイプの割合　35
図表 2-8　売場面積ごとの配属タイプの割合（畜産）　36
図表 2-9　売場面積ごとの配属タイプの割合（加工）　37
図表 3-1　店舗予算案（2005年度，イメージ）　43
図表 3-2　人事考課で重視される財務的指標　50
図表 3-3a　予算達成度と賞与の関係（1）　51
図表 3-3b　予算達成度と賞与の関係（2）　51
図表 3-4a　予算達成度と給与の関係（1）　52
図表 3-4b　予算達成度と給与の関係（2）　52
図表 3-5　店舗予算原案の取り扱い　53
図表 3-6　店長経験の長さと労働条件満足度　53
図表 5-1　店長の異動元・異動先の割合　75
図表 5-2　SVの異動元・異動先の割合　75
図表 5-3　バイヤーの異動元・異動先の割合　75
図表 5-4　特定月の異動が占める割合　77
図表 5-5　特定日の異動が占める割合　77
図表 5-6　循環型の人事異動の連鎖1　81
図表 5-7　循環型の人事異動の連鎖2　81
図表 5-8　非循環型の人事異動の連鎖1　83

図表目次

図表5-9 非循環型の人事異動の連鎖2　83
図表5-10 新店・廃店にともなう人事異動の連鎖　86
図表5-11 年内異動者の割合　87
図表5-12 主要職位の在任月数別分布―1989～1996年―　88
図表5-13 主要職位の在任月数別分布―1997～2004年―　88
図表6-1 初任配属店上位10店と配属人数　96
図表6-2 初任配属部門の割合　97
図表6-3 初任配属生鮮部門の内訳　97
図表6-4 経験部門数の割合　99
図表6-5 2部門経験者の主部門と副部門　99
図表6-6 代表的職位の任命年次別分布―第1期採用者―　101
図表6-7 採用時期ごとの昇進年次の分布　102
図表6-8 第1期採用者の昇進年次の分布（レベル1，レベル2）　104
図表6-9 第1期採用者の昇進年次の分布（レベル2，レベル3）　104
図表6-10 第1期採用者の昇進年次の分布（レベル1，レベル3）　104
図表6-11 上位レベルへの昇進割合―第1期採用者―　105
図表6-12 レベル1昇進者の累積割合　108
図表6-13 レベル2昇進者の累積割合　108
図表6-14 中堅以上層に対するレベル2以上ポストの割合―男性―　109
図表7-1 店長の勤続年数別割合　115
図表7-2 店長の年齢別割合　115
図表7-3 店長の経験部門数別割合　115
図表7-4 単一部門経験者の部門内訳　117
図表7-5 単一部門経験者の生鮮部門内訳　117
図表7-6 複数部門経験者の部門内訳　117
図表7-7 店長の店長経験月数別割合　118
図表7-8 店長の他職位経験者の割合　119
図表7-9 店長の役職経験月数別割合　123
図表7-10 店長の職位別経験月数の割合　123
図表7-11 店長の役職経験類型別の割合―2006年の役職経験72ヶ月以上―　124

vii

序　章
課題と方法

1　課題と問題意識

（1）課題：仕事，管理，キャリア

　本書の課題は，ホワイトカラーの仕事を管理を軸に描き出し，そこで求められる能力と能力形成のプロセス——キャリア——を明らかにすることである。

　本書が対象とする企業はスーパーマーケットＡ社であり，本書は特にその店長に注目する。スーパーマーケットの業務の大部分は店舗にあり，人員の多くも店舗に配置されている。店舗を管理するのは店長であり，店長はその業務の要をなしている。

　以上から，本書が明らかにすべき課題は以下の３点に集約される。

　１）店舗と店長は上部管理者によってどのように管理されているのか。
　２）店長は店舗をどう管理しているのか。
　３）店長に求められる能力は何であり，店長のキャリアはこれにどう関わるのか。

　本書は必要に応じて1980年代にまで遡ることがあるが，主要な対象時期は2005年から2007年にかけてであり，以下では特に断らない限り，この時期の状況を述べることになる。

（2）問題意識と先行研究

　本書の課題を説明するためには，ホワイトカラーとは何かということから始めなければなるまい。ただし，ここで重要なのは，ホワイトカラーの厳密な定義ではなく，本書がホワイトカラーの何に注目するかである。

　ホワイトカラーはブルーカラーと対になった言葉であり，職業分類でいえば，管理的職業従事者，専門的・技術的職業従事者，事務従事者，販売従事

者がホワイトカラー，生産工程従事者等がブルーカラーとなる。ただし，両者の間には仕事の種類や働いている場所では区別できない違いがあり，事務従事者と販売従事者のうち，定型的な業務に従事する者はホワイトカラーに含めない方がよいかもしれない。ホワイトカラーを定義するとすれば，「経理・財務，人事・総務等の事務系職場，営業系職場，技術系職場で働く，物の生産に直接従事しない被用者で，一定の判断能力を要求される仕事をしているか，将来，そのような仕事に就くことを期待されている者」となろう。ホワイトカラーの特徴は，ブルーカラーに比べて，上からの管理がしにくく，より高い判断能力と管理能力が求められるところにある。そのために，ホワイトカラーにはより高い学歴が求められ，過去において，人事管理上，ブルーカラーと異なった処遇がなされたように思える[1]。

　では，そうした能力が求められるホワイトカラーの仕事とはどのようなものなのか。また，その能力とは具体的にどういうものなのか。この点になお多くの問題が残されているというのが，本書の出発点である。

　ホワイトカラー研究の多くは労働問題研究に属するが，労働問題研究の大部分は，長い間，ブルーカラー研究だった。ホワイトカラー研究が活発化するのは比較的新しく，1990年代に入ってからである。とはいえ，現在ではホワイトカラー研究にもかなりの蓄積が見られるようになった。

　ホワイトカラー研究で最も蓄積が大きいのは，キャリアに関する研究である。そのなかからホワイトカラーの仕事について優れた成果が生み出されてきた[2]。キャリアが注目された理由として次のことが考えられる。すなわち，ホワイトカラーは管理がしにくく，個人の能力に依存する部分が大きい。そこで能力形成が問題となるが，ホワイトカラーの能力形成は主に企業内の経験を積み重ねるなかで行われるため，キャリア――仕事の履歴――を研究することで，能力や能力形成の内実を探ることができる[3]。しかし，仕事や能力形成にまで踏み込んだ研究は少なく，多くの研究はキャリアそれ自体――異動の履歴――の研究ないしはキャリア管理の研究にとどまったように見え

る。そのため，文脈はやや異なるが，2000年代初頭の研究は研究状況を次のように批判した。

「これまでのホワイトカラー研究は，意外にもこの肝心の『仕事』を描いていなかったのではないか。確かにホワイトカラーに関わる人事管理の諸制度の導入状況についてはその制度のおおよその骨格と合わせて調査結果が蓄積されてきた。しかし制度を支え日々運用されている実態，あるいは制度の対象となっているホワイトカラー職場レベルに降り立った観察は依然として稀薄である(4)。」

詳しい聞き取り調査によって仕事を観察すること，キャリアを仕事や能力形成と結びつけて論じることが重要である。とはいえ，これまでの研究がしばしば指摘してきたように，ホワイトカラーの場合，仕事それ自体を描くことは難しい(5)。本書が対象とするスーパーマーケットの仕事は，食品等の日常生活用品を売ることだが，実際の作業を記述しても，仕事を描いたことにはならない。特に店長の場合がそうである。どのようにして仕事を描くのかが問題である。

この問題に対して管理という視点を提供したのが中村・石田［2005］である(6)。同書はデパート等の実態調査において，ホワイトカラーの仕事がどう管理されているかを軸にその仕事に接近した。ホワイトカラーが企業組織の中で働くのであれば，その仕事は何らかの形で管理されているはずである。同書はこの管理の仕方を問うことによって，ホワイトカラーの仕事をよりリアルに描き出した。ただし同書は，ホワイトカラーがどう管理しているのかには関心を持たず，ホワイトカラーの能力形成のプロセス——キャリア——にも一切触れなかった。そのため，同書はこれまでのホワイトカラー研究と断絶した状態にあり，合評会でもこの点に議論が集中した(7)。この断絶は，考えてみれば当然である。ホワイトカラーの能力が問われるのは，ホワイトカラーが管理するときであり，ホワイトカラーが管理される側にいる限り，そうしたことは問題にならない。

本書は，中村・石田［2005］の視点を受け継ぎつつ，ホワイトカラーの仕事を，管理されることと管理することの両面から描き出そうとする試みである。スーパーマーケット店長の場合，この両面から接近するのは当然であろうし，こうしたやり方は，かなりの程度，ホワイトカラー一般にも適用できそうである。対象となるホワイトカラーの種類にもよるが，多くのホワイトカラーは被管理者であるとともに管理者でもあり，そこにホワイトカラーの特徴があるからだ。そして，ホワイトカラーの仕事に管理することを含めれば，ホワイトカラーの能力とその形成が問われることになり，これまでのキャリア研究との接合も可能になる。

（3）主な論点：店舗管理とその変容

　以上の問題意識を具体化したのが，先に述べた3つの課題である。それらの課題を果たすさい，主な論点となるのは，店舗予算を軸にした店舗管理とその変容である。

　店舗予算を軸にした店舗管理は，先の第1と第2の課題に関係している。店舗と店長は予算達成度によって管理され，店長は予算達成度を高めることを目標に店舗を管理する。本書は，前者に関しては第3章で，店舗予算の編成，それを基礎にした店舗の業績管理と店長の人事管理を明らかにする。後者に関しては第4章で，店舗予算を基礎に，店長がどのように店舗運営を行っているのかを述べる。

　予算達成度によって店舗と店長を管理するやり方は，一般に業績管理と呼ばれるが，スーパーマーケットの業績管理に関する研究は意外に限られている。管理会計の分野で主たる研究対象となってきたのは製造業であり，小売業，特に本書が扱うスーパーマーケットを対象とする研究は少ない。労働の分野でも業績管理を扱った研究はあまりない。業績管理の具体的なあり方は，業種，業態，企業によって異なることがあるため，より多くの事例を集める必要がある。本書は，管理会計と労働の2つの分野にまたがって，比較的未

開拓な業種で業績管理の実態を明らかにしようとする試みである。

　店舗管理の変容は先の第2と第3の課題に関係している。第2章で述べるように，スーパーマーケットの店舗管理を変えた最大の要因はフルタイム人員の削減である。今日，スーパーマーケットの小型店では，店長と鮮魚部門を除き，フルタイム人員はほとんどいない。もともと店舗の各部門（売場）を管理するのはチーフであり，店長はチーフによる部門管理を前提に店舗管理を行っていた。しかし，A社では1990年代半ば以降，店舗のフルタイム人員が大幅に削減され，それに対応するために店舗人員のパートタイマー（以下，パートと略）化と店舗を超えた部門管理が進行した。本書は，そうした変化を経て，店長がどのように店舗を管理しているのか，店長のキャリアがそうした変化をどう支えたのかを解明する。

　そこで問題になるのは，スーパーマーケット正社員のキャリアが部門別に組まれており，そのため多くの店長は，出身以外の部門をほとんど経験していないことである。こうした店長のキャリアは，各部門にチーフが配置されていたころは，特に大きな問題ではなかった。しかし，チーフの配置される部門が少なくなれば，かつてチーフに委ねてきた部門管理のうち，不足する部分は店長がカバーすることになり，店長には以前より幅広い管理能力が求められることになる。実際に店長の仕事はどう変わったのか，本書の第4章はその実態を明らかにする。

　では，そうした管理能力はどのようにして育成されたのか。第7章で述べるように，その鍵は店長のキャリアにある。時期が下るにつれて，勤続年数が長く，年齢の高い店長が多くなった。その結果，複数の商品部門を経験した店長がいくらか多くなり，特に店長になるまでに経験した職位が豊富化した。これによって，店舗全体，さらには企業全体を見渡すことのできる機会が広がった。こうしたキャリアの豊富化が店長の管理能力の幅を広げ，店舗管理の変容を支えたのである。

　店舗管理の変容は本書の最も重要な発見の1つである。これは次に述べる

パートの基幹化とも密接に関係するが，部分的な情報は別にして，こうした変化を分析した研究は，筆者の見る限り，ほとんどない。企業の業務管理は仕事を理解するうえで極めて重要であり，労働問題研究も業務管理の実態により多くの関心を払うべきであろう。

（4）その他の論点：パートの基幹化，人事異動，正社員のキャリア

　以下の3つの論点——パートの基幹化，人事異動，正社員のキャリア——は，本書の構成では周辺に位置するが，それぞれ重要である。

　まずパートの基幹化について。本書の第2章はパートの基幹化を正面から論じるものではないが，幾つかの点でこの分野に貢献できそうである。第1に，パートによる正社員の代替が生じた具体的なメカニズムである。これまでのパート研究ではこの点が不明であり，その解明が課題であることが論者によって指摘されてきた。本書が述べる店舗管理の変容はまさにその具体的なメカニズムである。そのさい問題となるのは，かつて求められたレベル——末端正社員の仕事——での基幹化ではない。本書の事例でも，フルタイム人員は2000年前後まで，管理層を含め，なお相当数，店舗に配置されていた。しかし，その後，状況は変化する。フルタイム人員——とりわけチーフ——がほとんどいなくなったため，パートにはチーフに代わって店舗管理の一部を担うことが期待されるようになった。本書で問題となるのはそうしたレベルでの基幹化である。

　パートの基幹化に関わる第2点は，しかし，そうしたレベルでの基幹化は容易でなく，基幹パートはわずかしか養成されなかったことである。これまでのパート研究でも，基幹パートの少なさを指摘する研究が多い。本書にとって重要なのは，基幹化の進展よりも，その限界である。そのために，店舗を超えた部門管理が進行した。

　パートの基幹化に関わる第3点は，基幹パートに要求される基礎的能力が営業上の数値——計数——の理解だということである。これまでの研究では

特別な注意を引いてこなかったが[16]，A社の場合，基幹パートと一般パートを分ける最も明瞭な区分線はここにあり，後者に対してこれらの理解は求められない。

　もう1つの論点である人事異動とは，キャリア——個人の異動履歴——とは別の，複数の人々が同時並行的に異動するさいの仕組みである。これは先の第1と第2の課題に関係しており，前者に関しては，人事異動が上部管理者によってどのように計画され，どのような異動の連鎖——人事の玉突き——を生み出すのかを論述する。後者に関しては，短期間で異動する店長が多くなっており，店長による店舗管理が以前より難しくなっていることを述べる。人事異動の仕組みは，これまでまったくといってよいほど研究されていないテーマであり[17]，本書の第5章は，これを実際のデータを用いて検討する初めての試みとなる。

　最後の論点である正社員のキャリアは第3の課題と関係している。本書の主な関心は店長のキャリアにあるが，本書はその前提としてA社正社員全体のキャリアを分析する。その主な理由は，前者が後者の一部であり，正社員全体のキャリアを明らかにしておくことによって，店長のキャリア分析が容易になるからである。また，これまでの研究と比較して[18]，本書が極めて良質なデータを利用できたこと，とりわけ昇進パターンに関して重要な発見があったからである。

　正社員のキャリアは第6章で分析するが，そのキャリアとは，水平的な異動——担当する商品部門の幅ないし数——と，垂直的異動——昇進——である。

　水平的な異動に関して，スーパーマーケット業界では，担当する商品部門の変更は例外だとされており[19]，われわれの聞き取りでも，A社正社員のキャリアは部門別に組まれているとのことだった。ただし，これまでの事例研究では，複数の商品部門をまたがるケースがあることが報告されており[20]，この原則がどの程度のものであるのかを調べる必要がある。また，配属される部

門に何らかの変化があるのかも見る必要があろう。

　これまで，より熱心に研究されてきたのは垂直的異動——昇進——である。その雛型を提供したのは小池［1981］だった。それによれば，日本企業の昇進の仕組みは将棋の駒型をなしており，入社してかなり長い間——15年，ときに20年近く——昇進にあまり差をつけない。リターンマッチがあり，将棋の駒の肩の地点までは遅れを取り戻すことができる。しかし，将棋の駒の肩の地点を越えると，選抜は急激にしぼられ，少数の人だけが昇進の階梯を登っていく。[21]この仮説は一連のホワイトカラー研究を経て，小池［1991b］で再確認される[22]。[23]

　その後のキャリア研究は基本的に小池［1981］，小池［1991b］の主張を支持した。それらによれば，特に初期キャリアにおいて入社同期の昇進差は小さく，その後中堅層までは，昇進の早い者と遅い者の差が出ても，リターンマッチが可能な昇進が行われている。[24]こうしたモデルを批判し，かなり早い時期から差がつくことを強調する研究もあるが，入社10年から15年まで昇進年次のばらつきはそれほど大きくなく，一律昇進に近い[25]。[26]ただし，昇進年次にかなり幅があることを示す研究もある[27]。

　本書が発見した事実は通説とかなり異なる。すなわち，昇進年次に初めからかなりの差がつく一方で，リターンマッチをはじめとする昇進順位の入れ替わりも普通に見られるということである。

　通説との相違が生じる理由はまず，これまでの研究が昇進を主に職能資格で測定してきたのに対して，本書が昇進を職位で捉えることと関係がありそうである。本書が使用する人事データにはそもそも職能資格の詳しい履歴がない[28]。職能資格の場合には処遇が問題であり，いわば横並び的な昇進となるのに対して，職位は企業のパフォーマンスに直接関わるため，差が大きくなるのであろう[29]。

　通説との相違は，本書の対象が小売業であることも関係していそうである。大企業ホワイトカラーの異動と昇進を扱った調査報告によれば，卸売・小売

9

業は「入社後一定期間は差をつけない」という企業が最も少ない業種であり，役職初任年齢（ある年次のなかで最初に上位役職に昇進する者の年齢）が課長クラス，部長クラスとも，最も低い業種である。また，抜擢人事が課長クラスで最もよく行われている業種でもある（部長クラスは金融・保険，不動産業に次ぐ第2位）。百貨店の昇進競争を扱った研究では，係長昇進の時期にかなりの幅があり，昇進の「追いつき」や「追い越し」が頻繁に起こっていることが指摘されている。

　昇進に関するもう1つの発見は，職能資格制度に収まらない早い昇進の実態である。A社の場合，特に早く昇進した者は，その職位に対応する資格等級よりも低い職能資格のままで上位の職位に就いたように見える。これが人事管理研究にどのような意味を持つのかは，第6章の最後で述べることにする。

2　資料と方法

　本書にとって特に重要な資料は次の2つである。第1はA社社員へのインタビュー結果である。インタビューは2005年6月から2008年12月までの間に計15回，31時間に及んだ。対象となったのは，人事・総務・営業部門の本社スタッフと店長であり，これらの人々に対するインタビューによって，A社の組織，人事処遇制度，店舗運営の仕組み，正社員のキャリア等について知ることができた。第2はA社の人事関係資料であり，なかでも人事データの役割が大きい。これは，1989年1月以降に在籍した正社員と契約社員の性別，生年月日，学歴，入社年月日，職能資格等の基本事項と，異動事項——任命年月日，配属される店舗，職位，担当部門——で構成されている。これらのデータを分析することにより，各店舗の人員配置や，店長等のキャリアが手に取るように明らかになった。

特に人事データにより，本書は2つの点で，これまでの研究にない有利な位置を得た。第1は，人事データの分析によってインタビューの質が格段に向上したことである。われわれはインタビューの成果を人事データと突き合わせるとともに，人事データの分析結果から新たな質問項目を携えてインタビューに臨むことができた。第2は，かなり過去にまで遡る，時期的に幅のあるデータが得られたことである。われわれは過去との比較をもとに，店舗管理の現状やその問題点を抽出することができた。ただし，このデータはパートの情報を含んでいない。

　上記に次ぐ資料としては，以下のものがある。第1は2007年初頭に店長に対して行ったアンケート調査の結果である。このアンケートでは，A社の業績管理や人事考課に対する店長の意識等について調査した。第2は有価証券報告書に記載された設備の状況である。2000年までの有価証券報告書には各店舗の売場面積やパートを含む配属人員が掲載されている。第3はスーパーマーケット業界のテキストであり，そこから店舗・部門の効率的管理の手法や管理上の重要問題を学ぶことができた。[33]

3　謝　　辞

　本書のすべてはA社のご厚意に基づいている。A社には，われわれの調査研究を快く受入れていただいたこと，重要な社内資料を提供していただいたこと，本書の出版を承諾していただいたことに深く感謝している。A社社員の方々には，お忙しいなか，長時間のインタビューに何度もお付き合いいただいたことにお礼申し上げたい。われわれが同社の仕事を幾分かでも正しく描き出せたとすれば，それはこれらの方々のご協力のおかげである。

　本研究は和歌山大学経済学部ホワイトカラー研究ユニットの活動を基礎にしており，「2006-2007年度和歌山大学オンリー・ワン創成プロジェクト経費」

の交付を受けた。本書の執筆にあたり，著者の一人である乗杉は「和歌山大学経済学部研修専念制度」を2012年度に利用した。本書は「和歌山大学経済学部組織的共同研究の成果に対する出版助成」の交付を受けて刊行されるものである。これらの関係各位のご厚意に感謝したい。

（1） 第二次大戦前の日本企業の処遇格差については田中［1984］を参照。
（2） 小池［1991a］，佐藤厚［2001］，小池・猪木［2002］。
（3） 小池［1991a］3頁以下，佐藤厚［2001］1頁以下，小池・猪木［2002］35頁以下。
（4） 佐藤厚［2001］18頁。同様の指摘は小池・猪木［2002］57頁以下。
（5） 佐藤厚［2001］6頁，石田［2003］11頁，中村・石田［2005］iv頁，小池［2006］19頁。
（6） 石田［2003］も参照。
（7） 石田［2006］。
（8） 小池［2006］は主に専門職を対象にした優れた研究成果であるが，専門職の場合には別の描き方があるかもしれない。
（9） 小林啓孝［1996］。
（10） 小野［2001］，石田［2003］，中村・石田［2005］，佐藤厚［2007］。
（11） パートの基幹化がフルタイム人員の削減と結びついていることが意識されるようになったのも，比較的最近のことである。青山［1990］，三山［1991］，佐藤博樹［2000］，本田［2000］，佐野嘉秀［2000］，労働政策研究・研修機構［2005］，労働政策研究・研修機構［2011］。
（12） 佐藤厚［2002］，脇坂［2003］，佐藤厚［2003］。
（13） 中村恵［2006/1989］，本田［1993］。
（14） 最近の研究では，パートの基幹化はそのようなレベルで捉えられている。武石［2003］，労働政策研究・研修機構［2005］，西野［2006］，労働政策研究・研修機構［2011］。
（15） 第2章の注（11）を参照。
（16） 必要な能力の1つとしては挙げられている。中村恵［2006/1989］58頁，佐藤厚［2003］38頁，乙部［2006］139頁。
（17） 関係する研究として，中村恵［1989］，日本労働研究機構［1993a］，八代［1995］，八代［2002］，本田［2002］，平野［2006］。
（18） これまでの研究で最も良質なデータを利用したのは今田・平田［1995］であるが，そのデータは1987年9月時点の在籍者に限定されており，それ以前の退職者を含んでいない。
（19） 商業界［2000］110頁。
（20） 冨田［1986］，川喜多［1989］第8章，本田［2002］第4章。
（21） 小池［1981］29頁以下。
（22） 小池［1991a］。その後の研究として，日本労働研究機構［1997］，日本労働研究機

構［1998a］，小池・猪木［2002］。
(23)　小池［1991b］182頁以下。
(24)　冨田［1992］，日本労働研究機構［1993a］，佐野・川喜多［1993］，今田・平田［1995］，竹内［1995］，八代［1995］，西山［1999］。
(25)　花田［1987］，若林満［1987］。
(26)　同様の指摘は，中村恵［1991b］。
(27)　小林良暢［1995］，松繁［1995］，上原［2003］，松繁他［2005］第3章，第9章。
(28)　この点については注（32）を参照。
(29)　注（27）の研究も職位を分析している。
(30)　日本労働研究機構［1993a］。ここでいう抜擢人事とは，「下の年次の者を，意識的に上の年次の者よりも先に役職に登用すること」である。
(31)　松繁他［2005］第9章。
(32)　これは，以前に存在した職能資格制度の下での各人の最高等級である。そのため，同制度廃止以前に退職した場合は退職時の資格等級，それ以外の場合は同制度廃止時点の資格等級となる。
(33)　商業界［2000］，［2001］。

第1章
分析の諸前提

1　A社の概要

(1) 歴　史

　A社の起源は第2次世界大戦前にまで遡ることができるが、有価証券報告書の記述は高度成長期から始まっている。この資料による限り、A社は一時的な停滞はあるものの、一貫して成長の道を歩んできた。1990年から2006年までの間に店舗数は2.3倍、売場面積は4.6倍となった。

　ただし、バブル経済の崩壊以後、A社は、日本の小売業全体ほどではなかったにせよ、経済状況の悪化のなかでいかに利益を確保するのかという問題に直面した。図表1-1はA社の売上高、営業総利益、営業利益等の推移を見たものである。売上高と営業総利益は1990年から2006年までの間にそれぞれ2.2倍、2.5倍へと増加しているが、営業利益は伸び悩んでおり、特に1999年

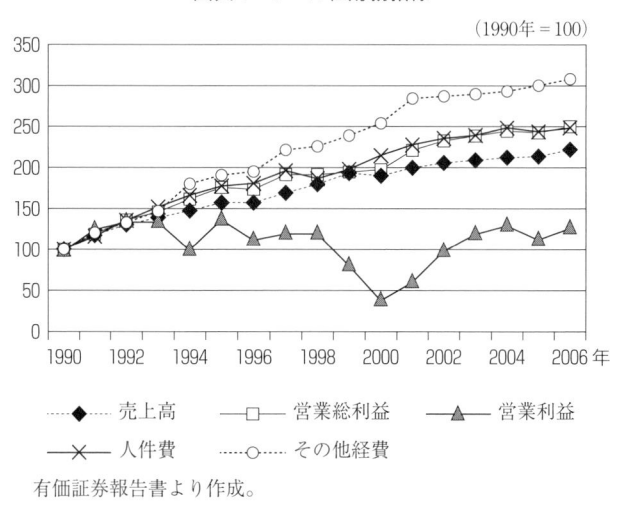

図表1-1　A社財務指標

(1990年=100)

凡例：売上高、営業総利益、営業利益、人件費、その他経費

有価証券報告書より作成。

から2001年にかけて低下している。営業利益は営業総利益から販売費・一般管理費を引いたものであり，営業利益を回復させるためには販売費・一般管理費（以下，販管費と略）の増加を抑えなければならない。後で見るように，こうした状況の下でA社の人員政策は大きく変化することになる。

（2）組織と店舗

　図表1-2に示すように，A社は，本社，店舗，食品工場等の3種類の組織で構成されている。本社は財務・人事・総務等の管理部門と営業本部で構成される。営業本部は，商品購買部，店舗を管理するエリア管理部，食品工場等を統括する製造部からなる。店舗は，地域に従って，複数のエリアに分けて管理されている。各エリアは，一部を除き，ほぼ20の店舗によって構成される。

　A社の店舗には，売場面積が500㎡弱の小型店から5000㎡を超える大型店

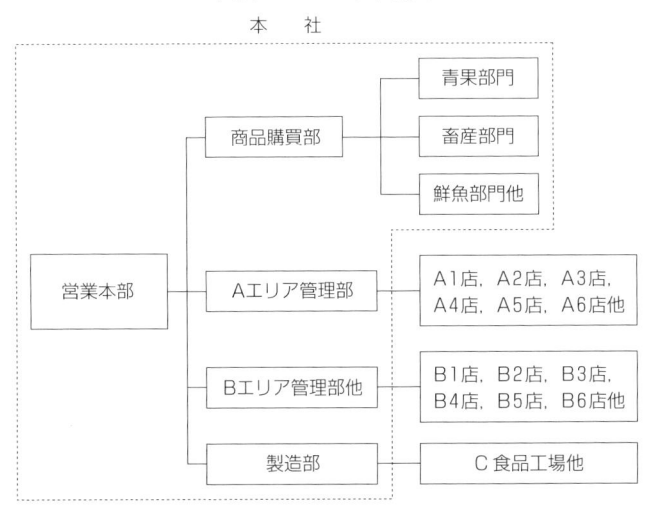

図表1-2　A社組織図

A社資料より作成。

まで，さまざまなタイプがある。中小型店は食品中心のスーパーマーケット（SM）であり，大型店は衣食住がそろう総合スーパー（GMS）である。

歴史的に見れば，かつては大店法の規制のために，A社の店舗のほとんどは，売場面積が500㎡弱であり，1990年代の前半までは新規店もこの規模のものが多かった。その後，状況は変化し，売場面積が2000㎡未満の新規店はほとんどなくなる。現在では，売場面積が500㎡弱の店舗はごく少なくなり，売場面積が1000㎡から3000㎡までの店舗が主流になっている。

2　人　　員

A社の人員は正社員，契約社員，パート・アルバイトで構成される。実労働の面で正社員と契約社員はほぼ同質なため，本書は正社員と契約社員を合わせてフルタイム人員と呼ぶ。なお，A社の職位，部門等については，匿名性を保持するために，必要に応じて仮称を用いている。

（1）フルタイム人員

店舗の正社員は，主に店長，チーフ，担当で構成される。チーフと担当にはそれぞれ担当する部門（売場）があり，チーフは部門管理者として発注，売場作り，パートの指導等の業務を行う。店舗によっては店長とチーフの間にマネージャー（図表ではMrと略）や次店長等が置かれることがある。

店舗配属ではないが，店舗の業務を行う者としてトレーナーがある。店舗によってはチーフがおらず，パート・アルバイトだけで運営されている部門がある。トレーナーはそうした部門を複数店担当し，チーフの仕事を代行する。

本社の正社員は財務・人事・総務等の社員と営業本部の社員で構成される。これらの課長クラスは——店舗と区別がつきにくいが——マネージャー

と呼ばれる。営業本部のうち商品購買部で商品の仕入れに従事するのがバイヤーであり，エリア管理部で店舗を監督するのがスーパーバイザー（図表ではSVと略）とエリアマネージャー（図表ではAMrと略）である。バイヤーとスーパーバイザーにはそれぞれ担当する商品部門がある。注意が必要なのはスーパーバイザーであり，店舗の各商品部門とそのチーフは店長とともにスーパーバイザーによっても管理される。エリアマネージャーは，担当するエリアの責任者として，エリア内の店舗全体を監督する。

食品工場等（以下，工場等と略）の正社員は，マネージャー，チーフ，担当で構成される。

正社員を職位と配属場所——本社，店舗，工場等——で分類して集計すると，図表1-3のようになる。正社員の6割強は店舗に配属されている。店舗人員で最も多いのは，担当ではなくチーフである[3]。正社員に契約社員を加え，フルタイム人員の値を見ても，同様である[4]。

スーパーマーケットの業務の大部分が，食品を中心とした商品の購買・加

図表1-3　正社員の職位別・配属場所別分布　　（計=1,000）

職位	配属場所				計
	本社	店舗	工場等	その他	
上級管理層	23	0	0	0	23
店長	0	89	0	0	89
Mr	17	18	8	0	43
SV	45	0	0	0	45
バイヤー	49	0	0	0	49
チーフ	0	355	15	0	371
トレーナー	86	9	0	0	95
担当	48	165	60	8	280
その他	5	1	0	1	6
計	271	637	83	9	1,000

人事データより作成。

工・販売であるため，A社には職位とは別に，担当する商品部門を中心にした区分がある。すなわち，青果，畜産，鮮魚，惣菜，日配，加工食品，衣料，住居の8つの商品部門と，管理部門である。また，青果から加工食品に至る食品部門全体を指すものとして食品がある。

食品部門のうち，青果から惣菜までの4つの部門が生鮮部門である。日配は牛乳のように賞味期限の短い飲料や豆腐等のことであり，加工食品は乾物・瓶詰・缶詰・菓子等のことである。

店舗のフルタイム人員のうち，商品の加工・販売に従事するチーフと担当は，8つの商品部門のいずれかに配属される。トレーナーや本社のスーパーバイザー，バイヤーも同様である。それに対して，店長は管理部門担当となる。また，事務所・商品管理とレジ部門も管理部門の一部である。

フルタイム人員を部門と配属場所で分類して集計すると，図表1-4のよう

図表1-4　フルタイム人員の部門別・配属場所別分布（計=1,000）

部門	本社	店舗	工場等	その他	計
食品	4	1	0	0	5
青果	21	51	2	0	74
畜産	16	52	21	0	89
鮮魚	13	155	8	0	175
惣菜	17	68	13	0	98
日配	16	23	17	0	55
加工	23	49	0	0	71
衣料	13	35	0	0	48
住居	34	90	0	0	124
管理	113	114	24	3	254
その他	0	0	0	5	5
計	271	637	84	8	1,000

人事データより作成。

になる。フルタイム人員の6割弱は食品部門に配属されており、店舗に限定すると6割強となる。生鮮部門はそれぞれ4割強と5割となる。生鮮部門の中では鮮魚が多い。正社員だけの値を見ても、同様である。

　店舗のフルタイム人員の配置は部門ごとの売上予算を基準にしている。売上予算が多ければ、複数配置されることがあり、逆に少なければトレーナーとなり、さらに少なければまったく配置されなくなる。売上予算と人員の関係は部門によって異なる。売上予算が同じであれば、鮮魚のように加工作業の多い部門には、日配や加工食品よりも多くの人員が配置される。

（2）パート・アルバイト

　正社員、契約社員と違い、パート・アルバイトは店舗採用であり、人員（人時）や時間給――部門ごと時間帯ごとに異なる――の設定は店長に委ねられている。

　パートは6ヶ月契約で、主に労働時間の長さによって複数のグループに分かれる。労働時間が特に短いグループを除き、パートは経験、能力によってランク付けされており、昇給がある。基幹パートの労働時間はフルタイムとあまり変わらない。これは、責任ある仕事をするには1日の労働時間がある程度長くなければならないという考えに基づいている。最上位はチーフ相当である。[6]

　アルバイトは2ヶ月契約で、学生の身分を持つ者はすべてアルバイトとして扱われる。それ以外の者で短期的に働く予定であるか、しばらく様子を見たい場合はアルバイトとなる。フルタイム人員と同様、これらパート・アルバイトもいずれかの部門に配属される。以下ではパート・アルバイトをパート等と呼ぶことにする。

3　人員政策とその影響

(1) 人件費の増加抑制と人員政策

　A社の営業総利益が増加した一方で営業利益が伸び悩んだのは，販管費から人件費を除いたその他経費(以下，その他経費と略)が膨張したためである。図表1-1に戻ると，1990年から2006年までの間に人件費が営業総利益と同じ2.5倍の増加にとどまったのに対して，その他経費は3.1倍に増加した。

　人件費の増加抑制は人員政策の変化の結果としてもたらされた。人員政策の変化とは，正社員の採用抑制と人員のパート化である。

　図表1-5に示すように，A社の新卒採用者は1990年代の前半まで増加した後，減少する。特に2000年直後の落ち込みが目立つ。そのため，在職者に対する各年の採用者の割合は，1990年代前半に2割弱に達した後，2000年直後に1％前後にまで低下した。中途採用者を含む採用者については1980年代

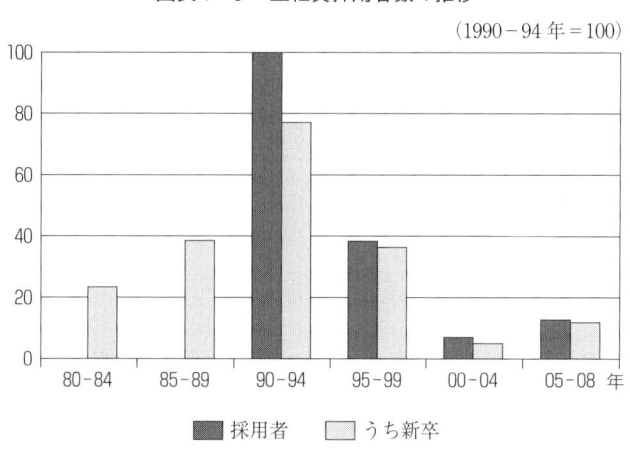

図表1-5　正社員採用者数の推移

(1990-94年=100)

年	採用者	うち新卒
80-84		約23
85-89		約38
90-94	100	約77
95-99	約38	約36
00-04	約7	約5
05-08	約12	約11

A社資料より作成。

のデータがないが，新卒採用者と同様に推移したと見てよいだろう。なお，新卒に占める大卒の割合は1990年代前半の大量採用期に5割ほどに低下するが，それ以外は7割前後で推移している。

　正社員の採用が抑制されたため，業務量の増大に必要な人員はパート等で充足された。図表1-6はA社のフルタイム人員とパート等の人数を示したものである[10]。すでに1990年時点でパート等はフルタイム人員を上回っているが，フルタイム人員の増加が1995年で止まる一方で，パート等が増加し続けたため，2006年には全従業員の8割近くをパート等が占めることとなった。

　正社員の採用抑制と人員のパート化は，人件費の増加抑制に大きく貢献した。こうした変化がなければ，1990年代末以降，営業利益の状況はより深刻になった可能性がある。おおざっぱな推計を行うと，以下のようになる。有価証券報告書にはフルタイム人員の平均給与が掲載されており，ここからパート等の平均給与を求め，フルタイム人員とパート等の比率が1990年のままで，その合計値が実際と同様に増加したと仮定する。この前提で人件費[11]を計算すると，それは2000年には実際の1.1倍，2006年には1.4倍に膨張する。

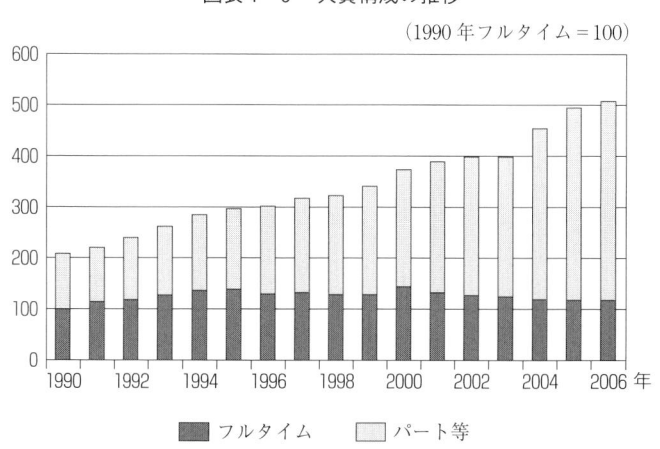

図表1-6　人員構成の推移

（1990年フルタイム＝100）

有価証券報告書より作成。

その結果，2000年から2006年までの7年間の営業利益は，3年はマイナスになり，2年はほぼゼロとなる。この推計は，採用抑制によって平均年齢が上昇したフルタイム人員の平均給与をそのまま利用しているため，人件費の増大を本来より大きく見積もっている可能性があるが，人員政策の変化がなければ，営業利益が相当に深刻な状況に陥ったことは確かだろう。

（２）正社員の採用状況と勤続・年齢構成

採用者の増減はA社正社員の勤続・年齢構成に大きな影響を与えた。1990年代前半の大量採用のために，それからしばらくの間，正社員の多くは入社から間がない若年層で構成された。その後，採用が絞り込まれると，勤続年数が長く，年齢の高い層が多くなった。図表1-7に示すように[12]，1990年代前半に勤続10年未満層は全体の8割近くを占めたが，2000年代初頭には半分以下となり，2006年には3割弱となった。逆に勤続10年以上層は，1990年代前半は2割ほどだったが，2006年には7割以上を占めるようになる。年齢も同様である。採用者のほとんどが25歳未満であったため，図表1-8に示す

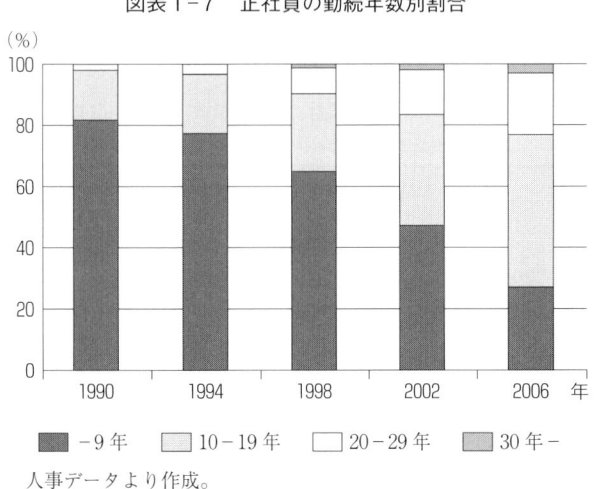

図表1-7　正社員の勤続年数別割合

■ -9年　□ 10-19年　□ 20-29年　■ 30年-

人事データより作成。

第1章 分析の諸前提

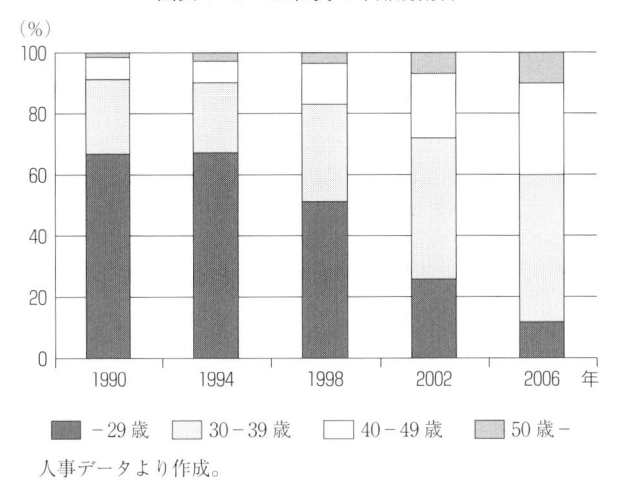

図表1-8 正社員の年齢別割合

(%)
■ -29歳　□ 30-39歳　□ 40-49歳　■ 50歳-

人事データより作成。

ように，1990年代前半は30歳未満層が正社員の6割以上を占めていたが，1990年代末にはほぼ半分となり，2006年には1割ほどに減少する。逆に30歳以上層は，1990年代前半は3割強だったが，2006年には9割近くを占めるようになる。

　後で見るように，管理・専門職への昇進時期は次第に遅くなるが，その背景にはこうした勤続・年齢構成の変化がある。なお，以上は男女計の数値に基づくが，男性に限定しても結果はほとんど変わらない。[13]

（1）　法人企業統計によれば，1990年以後，小売業の売上高と営業総利益は増加しているが，営業利益は1998年まで減少し続け，2006年に至っても1990年の水準を回復していない。
（2）　営業総利益とは，売上総利益——売上高から売上原価を引いたもの——に不動産賃貸収入などの営業収入を加えたものである。業種特性もあるが，テナントなどからの賃貸料は集積商業施設にとっては本業に準ずる収入として考えられている。
（3）　トレーナーが配属されるのは原則として店舗ではなく本社であるが，一部は店舗に配属されている。
（4）　契約社員はフルタイム人員の10%強であり，大部分が担当である。そのため，店舗配属のチーフと担当の数は，フルタイム人員で見ると，順位は変わらないものの，

25

差は小さくなる。
（5）　衣料と住居は商品の幅が広いため，それぞれ，より細かい区分がある。衣料では紳士服，婦人服といった区分であり，住居では薬品・化粧品，家電といった区分である。
（6）　パートの労働時間について，佐野嘉秀［2000］は，勤務時間が短いパートでは引き継ぎ業務が多くなるため，重要な業務をパートに任せると，販売利益や能率の低下につながりやすいことを指摘している。同様の指摘は，座談会［2010］58頁。この座談会では，管理的な仕事は分割できないため，基幹パートの労働時間がフルタイムとあまり変わらなくなることも指摘されている（同60頁以下）。
（7）　そのため，人件費を営業総利益で割った労働分配率もほとんど変化なく推移した。
（8）　賃借料，水道光熱費，減価償却費等である。
（9）　2005-2008年の数値は1.25倍している。
（10）　有価証券報告書から得られる数値は，フルタイム人員については2月20日現在の値であり，パート等については8時間勤務を1人に換算した年平均値である。
（11）　従業員給与手当，福利厚生費，退職給付費用である。これらのうち，仮定の影響を受けるのは従業員手当給与と福利厚生費とし，退職給付費用は影響を受けないとした。また，福利厚生費はフルタイム人員だけに支給されるものとした。
（12）　人事データから得られる数値は，特に断らない限り，1月10日現在の状況を指している。
（13）　相違点としては，男性に限定すると，大量採用期の大卒割合が6割と少し高くなる。

第2章
店舗管理の変容

1　フルタイム人員の削減とパートの基幹化

（1）フルタイム人員の削減とパート化

　店舗におけるフルタイム人員の削減とパート化は，競争が激化するスーパーマーケットにとって，人事戦略上，最大の課題となった。A社の店舗人員は全体としては増加したが[1]，これは店舗が増加するなかで起こったため，特定の店舗に配属される人員はむしろ減少した。特にフルタイム人員は大幅に削減され，店舗人員のパート化が進行した。図表2-1は，長期間観察できる14店舗を選び，人員の内訳が分かる1990年から2000年までの推移を示したものである[2]。フルタイムとパート等を合わせた店舗人員——「従業員計」——は，1990年代の半ばまで増加した後，減少した。その内訳を見れば，フルタイム人員はこの10年間に当初の4割ほどに減少し，パート等は1990年代の後半まで若干増加した後，ほぼ横ばいとなった。

　図表2-2は，同じ14店舗で，2006年までの間にフルタイム人員がどれほど

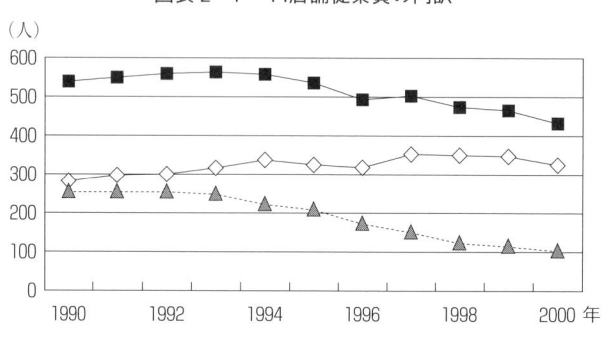

図表2-1　14店舗従業員の内訳

有価証券報告書，人事データより作成。

図表2-2　14店舗フルタイム人員の推移　　（人）

店番号	年				
	1990	1994	1998	2002	2006
001	87	72	41	29	13
002	47	41	25	17	5
003	34	32	19	16	4
004	23	17	8	7	5
005	15	12	8	6	2
006	9	12	5	4	3
007	9	5	2	3	2
008	9	5	4	4	3
009	8	8	5	5	3
010	6	5	2	3	2
011	5	6	2	4	2
012	2	2	2	2	2
013	2	2	2	3	3
014	2	2	2	3	2
計	258	221	127	106	51

人事データより作成。同一店舗内での兼任者は1度だけカウント。

削減されたかを示している。もともと人員の少ない小型店（店番号012以下）を除き，フルタイム人員は大幅に削減された。現在では，ほとんどの店舗でフルタイム人員は5人以下であり，3人以下が10店舗ある[3]。

　本社スタッフによれば，フルタイム人員の削減は全社的な方針として進められた。人事部門は各店舗の売上高，荒利益等をもとに削減目標を設定し，退職者・転出者の不補充によって人員削減を行うとともに，どの程度減ったかを定期的に確認した。パート化はこれと同時に進行したが，総人件費を抑制するために，すでに見たように，パート等の増員は店舗での実質的な人員減が確保される程度に抑えられた。

（2）フルタイム人員削減の構成要素

　店舗フルタイム人員の削減は3つの要素からなる。詳しいデータは図表2

-3に示している。[(4)]

　第1の要素は，店長より下の管理層——チーフ等(チーフおよびチーフ代行)，次長，マネージャー——が削減されたことである。チーフ等が最も多かったのは1994年の60人であるが，2006年には26人に減少した。現在，チーフ等が

図表2-3　14店舗フルタイム人員の部門別・職位別内訳　　　(人)

部門	職位	1990	1994	1998	2002	2006
青果・畜産・惣菜	担当	22	21	5	4	1
	チーフ等	15	19	16	12	6
	次長	2	0	0	0	0
	計	39	40	21	16	7
鮮魚	担当	17	16	10	9	5
	チーフ等	14	13	12	13	14
	次長	2	2	2	0	0
	計	33	31	24	22	19
日配・加工	担当	10	3	2	4	1
	チーフ等	11	13	7	8	2
	計	21	16	9	12	3
衣料・住居	担当	45	39	19	9	5
	チーフ等	11	11	5	3	4
	次長	4	3	0	0	0
	Mr	1	2	4	3	0
	計	61	55	28	15	9
管理	次長	2	0	0	0	0
	SMr	0	0	0	7	0
	店長	14	14	14	14	14
	計	16	14	14	21	14
事務所・商品管理	担当	21	20	10	8	0
レジ	担当	48	33	13	3	0
	チーフ等	6	4	5	2	0
	計	54	37	18	5	0
その他	計	18	9	3	7	0
総計		263	222	127	106	52

人事データより作成。複数の部門・職位を兼任する者はそれぞれカウント。

常にいるのは鮮魚部門だけであり，惣菜，住居のチーフがいるのは各3店，青果は2店，畜産，日配，加工食品，衣料は各1店である。次長は，店長代行以外に，青果から住居までの商品部門のチーフの役割を果たすことが多く[5]，1990年には10店舗に計10人いた。その後，この職位は廃止され，2002年にはゼロとなった。マネージャーも2006年にはこれらの店舗に配置されなくなった[6]。

第2の要素は，事務所・商品管理とレジを担当するフルタイム人員がいなくなったことである。現在，これらの店舗で管理部門に配置されているのは店長だけとなった。

第3の要素は，養成人員と呼ばれる担当が減少したことである。養成人員とは，各店舗に配属された定員外の正社員のことである。彼らは退職者の補充や新規店のための予備人員として配置されており，採用から間がない者が多い[7][8]。図表2-4は14店舗の生鮮部門，日配・加工食品，衣料・住居の担当の人数を年齢別に示したものである。25歳以上は1998年以後もある程度残るが，25歳未満は激減している。これは採用者の絞り込みが行われた時期と一致しており，そもそも養成人員として配属される対象者が減少したのである[9]。

図表2-4　14店舗の担当の部門別・年齢別内訳　　　（人）

部門	年齢	1990	1994	1998	2002	2006
生鮮	～24歳	22	25	3	2	1
	25歳～	17	12	12	11	5
	小計	39	37	15	13	6
日配・加工	～24歳	8	3	0	0	0
	25歳～	2	0	2	4	1
	小計	10	3	2	4	1
衣料・住居	～24歳	27	10	3	1	0
	25歳～	18	29	16	8	5
	小計	45	39	19	9	5

人事データより作成。複数の部門を兼任する者はそれぞれカウント。

上記のフルタイム人員の削減のうち，店舗管理にとって特に重要なのは，生鮮部門チーフの削減である。

（3）基幹パートの育成

　店舗におけるフルタイム人員の削減とパート化は次のような変化に支えられていた。第1は，コンピュータ・システムの導入により，管理的業務が省力化されたことである。これによって，次長職の廃止と事務所・商品管理の人員削減が可能となった。第2は，鮮魚以外の食品加工作業が工場に集約化され，インストア加工と対面販売が縮小したことである。第3は，POSシステムの導入によってレジ作業が単純化したことである[10]。第2，第3の変化によって，関連する作業の大部分はパート等によって代替可能となった。

　しかし，一般パートが増加する一方で，部門管理を担う基幹パートの育成は容易ではなかった。A社はかなり以前から基幹パートの育成に努力しており，パートに対して時給に連動した昇級制度を設けていたが，ほぼ10年前に昇級基準を明確化した。パートは，所属長の推薦があると，本社が管轄する筆記試験——畜産と鮮魚はさらに技術試験——を受験することができ，これに合格すると昇級（給）する。とはいえ，チーフの役割をこなせるパートは，なかなか現れなかった[11]。

　基幹パートに求められるのは，部門の管理能力である。すなわち，POSデータ等を活用した売上予測，値入・歩留等の計数管理，棚卸，棚割と売場管理，作業計画と勤務計画の作成，一般パートの教育や彼らへの作業指示等である。これらの基礎となるのは，営業上の数値——計数——の理解である。これまでの研究では指摘されてこなかったが，A社の場合，計数は，担当する部門の管理や上司との意思疎通を行うための基礎言語となっている。

　計数とは，売上高，原価，経費，単価などのような金額計数と，客数，従業員数，販売工数などの物量計数からなる。先に挙げた値入とは商品に値札を付けることであり，関連する計数に値入率——値入高（値札の額）÷売価（実

際に売った値段）——がある。また，歩留（率）とは，魚等を加工した後の重量÷元の重量である。計数には基礎レベルと応用レベルがあり，値入率，歩留率はいずれも基礎レベルの計数である。応用レベルの計数には損益分岐点や人時生産性等がある。一般パートの場合，これらの計数に対する理解は求められない。

2　店舗を超えた部門管理

　基幹パートの育成が難しかったため，減少するチーフ等の管理層に代わって，それ以外のフルタイム人員がどのように部門を管理するかについて，さまざまな工夫がなされてきた。その方向は，店舗を超えた部門管理にある。

(1) トレーナー化

　最も古くからあるのはトレーナー化の流れである。しかし，トレーナー化には紆余曲折があり，問題の難しさが表れている。図表2-5に示しているように，トレーナーは2000年までチーフ等（チーフおよびチーフ代行）を上回る勢いで増加した。1990年と2000年を比較すると，チーフ等が2倍になったのに対して，トレーナーは4倍である。しかし，トレーナーは2001年に大幅に削減され，逆に店舗人員が強化された。すなわち，チーフ等が増員されるとともに，複数の商品部門を担当するサブマネージャー（図表ではSMrと略）の職位が新設された。ただし，特に複数の生鮮部門を担当するのは難しかったようであり，この職位は3年で廃止される。そして，再びトレーナーの比重が増大する。

　サブマネージャーのほとんどは小型店に配属された。2001年に43人のサブマネージャーが47店舗に配属されたが，最も多いのはフルタイム人員が5人の17店であり，これに4人の8店，6人の7店，7人の6店が続いている。

図表2-5　トレーナー等の人員の推移　　　（人）

年	SV	トレーナー	チーフ等	SMr
1990	16	29	211	0
1991	17	45	233	0
1992	22	52	265	0
1993	24	57	289	0
1994	23	59	336	0
1995	25	65	314	0
1996	25	79	344	0
1997	24	84	364	0
1998	18	89	393	0
1999	16	99	431	0
2000	40	115	421	0
2001	62	35	502	43
2002	70	42	497	41
2003	64	43	530	39
2004	65	50	560	0
2005	57	66	577	0
2006	70	120	539	0

人事データより集計。複数の職位を兼任する者はそれぞれカウント。

鮮魚を除き，チーフ等が配置されていない店舗が多い。最も多いのは，チーフ等が鮮魚だけの23店であり，これにチーフ等がいない11店，鮮魚＋2部門の6店，鮮魚＋1部門の5店が続いている。

トレーナー化は部門ごとに異なったレベルで進行した。図表2-6はトレーナーのチーフ等に対する比率（％）がどう推移したかを示している。トレーナー化が進んだのは，非生鮮部門の日配，加工食品，住居であり，チーフ等が主たる管理者としてとどまったのは生鮮部門，とりわけ鮮魚である。

ただし，各店舗の部門管理は，フルタイム人員の配置がない場合を含めて考える必要がある。図表2-7は，現在（2006年4月）の店舗の商品部門を，フルタイム人員の配置状況によって，チーフ型，トレーナー型，無配属型に分

図表2-6　トレーナーの対チーフ等比率　　（％）

部門	年				
	1990	1994	1998	2002	2006
青　果	14.3	35.5	46.7	11.3	20.3
畜　産	0.0	3.8	13.5	9.0	18.3
鮮　魚	7.3	14.5	11.1	2.8	14.1
惣　菜	0.0	3.9	16.0	8.3	16.9
日　配	5.9	20.8	25.8	0.0	35.1
加　工	28.0	30.6	25.0	6.1	30.3
衣　料	0.0	0.0	11.1	6.7	0.0
住　居	25.8	32.4	34.8	27.8	48.3
計	13.7	17.5	22.6	8.4	22.2

人事データより集計。比率はチーフ等を100とした場合の値。

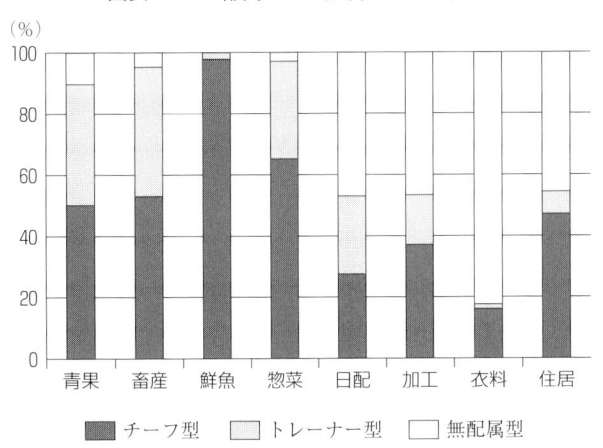

図表2-7　部門ごとの配属タイプの割合

A社資料，人事データより作成。

類したものである。チーフ型とは，店舗配属のフルタイム人員がいる場合であり，トレーナー型とは，店舗配属のフルタイム人員がおらず，トレーナーだけがいる場合である。無配属型は，トレーナーを含め，フルタイム人員が

まったくいない場合である。生鮮部門では特に鮮魚でチーフ型の割合が高く，その他の3部門も半分以上がチーフ型である。そして，トレーナーを含めれば，ほとんどの店舗にフルタイム人員が配置されている。それに対して，日配等の非生鮮部門では無配属型の割合の高さが目立つ。衣料の場合，無配属型店は衣料品を扱っていない可能性が高いが，日配，加工食品，住居の場合は，たとえ品数は少なくても，関連商品を扱っているはずである。これらは商品管理が比較的容易な部門であり，パート等がそれを行っているのであろう。

　フルタイム人員の配置は部門ごとの売上予算を基準にしているため，その配置状況は店舗の規模によって変わってくる。鮮魚以外の商品部門は，売場面積が3000㎡以上の大型店はチーフ型，1000㎡未満の小型店はトレーナー型ないし無配属型となる。図表2-8と図表2-9は，現在の畜産と加工食品を例に，配属タイプと売場面積の関係を見たものである。畜産の場合，大型店はチーフ型，中型店はチーフ型2に対してトレーナー型1，小型店はトレーナー

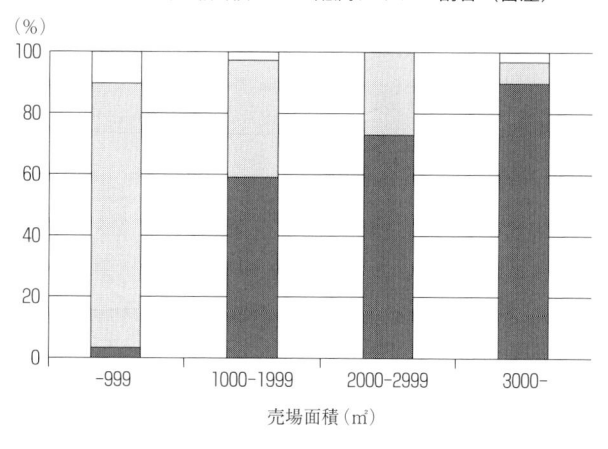

図表2-8　売場面積ごとの配属タイプの割合（畜産）

■ チーフ型　■ トレーナー型　□ 無配属型

A社資料，人事データより作成。

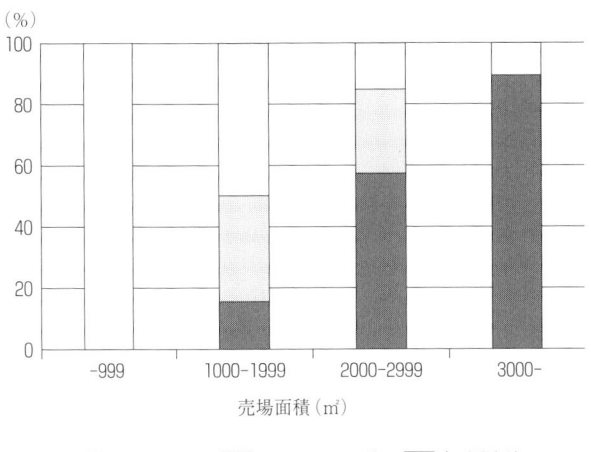

図表2-9　売場面積ごとの配属タイプの割合（加工）

■ チーフ型　□ トレーナー型　□ 無配属型

A社資料，人事データより作成。

型となる。加工食品の場合，大型店はチーフ型，中型店ではチーフ型，トレーナー型，無配属型がほぼ等しくなり，小型店は無配属型となる。

（2）スーパーバイザーの強化

　もう1つの流れはスーパーバイザーの強化である。先の図表2-5に示したように，トレーナーが大幅に削減されたのとほぼ同時期の2000年と2001年にスーパーバイザーが増員された[16]。それまでスーパーバイザーは営業本部の各商品部門に2名程度しかいなかったが，増員にともない，各エリア管理部のほぼすべての商品部門に最低1人が配置されるようになった。その結果，スーパーバイザーは各エリアで担当部門の販売計画や競合店対策に関わるだけでなく，各店舗の担当部門の監督やパートの指導等，ほとんどのことに関与するようになった。現在，パートの指導に関しては，トレーナーよりもスーパーバイザーが主軸になっている。

（１） 1990年から2006年までの間に店舗人員は2.9倍になった。Ａ社全体では2.5倍である。
（２） 「従業員計」は有価証券報告書の値，「フルタイム」は人事データの値である。パート等に関しては，有価証券報告書で各店舗の人数が得られるのが1994年以後に限定されているため，「従業員計」から「フルタイム」の値を引いて「パート等」の値を求めた。この値を1994年から2000年までの実際の値と比較すると，両者はほとんど重なり合う。
（３） 1990年時点の売場面積は，店番号001が4000㎡台，002が3000㎡台，003,004,008～010が1000㎡台，005～007,011～014が1000㎡未満である。1990年から2006年までの間に売場面積が拡大したのは7店，縮小したのは4店，変化なしが3店である。
（４） 図表2-3では，複数の部門・職位を兼任する者はそれぞれカウントされているため，人員の総計値が図表2-2より若干多い年がある。
（５） この点については第7章3（２）を参照。
（６） 図表2-3のSMrについては後述。
（７） Ａ社の場合，彼らの人件費は予算上，かなり以前からパート相当額として処理されている。これは，店長が定員外の人員を進んで受け入れ，教育するよう配慮したためである。なお，小野［2001］は，営業利益を圧迫しないよう店舗側から，「賃金は高いがパートタイマーと差異のない仕事を行っているような正規社員」を減らそうとするメカニズムが働く例を紹介しているが，これは養成人員の給与がそのまま店舗予算に計上されているためである。Ａ社のような予算処理がなされるとき，そうしたメカニズムは働かない。小野［2001］の事例はしばしば取り上げられるが，そうした限定が必要である。
（８） 図表2-2の店番号001,002,003は，図表6-1の初任配属店全期間上位10店の第2位，第6位，第7位の店舗である。
（９） 上記の要素以外に，特定部門の商品の取り扱いをやめたことも，フルタイム人員の減少をもたらした可能性がある。これが当てはまりそうなのは衣料部門である。他の部門と違い，衣料品に関してはまったく取り扱っていない店舗も多い。1990年時点では14店のうち6店舗に衣料品を担当する人員がいたが，2006年には2店舗に減少した。4店舗は衣料品の取り扱いをやめた可能性がある。
（10） この点に関しては，青山［1990］を参照。
（11） 日本労働研究機構の調査結果でも，パートの戦力化を志向する企業は多いが，戦力化の現状評価では，「順調」は4.6％にすぎず，「途上である」が84.3％，「進んでいない」が11.1％である（日本労働研究機構［1998c］168頁）。同様の指摘ないしデータは，東京都産業労働局産業政策部［2002］60頁，武石［2003］17頁，労働政策研究・研修機構［2005］86頁，座談会［2010］63頁，労働政策研究・研修機構［2011］58頁。ただし，われわれの調査が終わる頃になって，Ａ社の基幹パートが急激に増加したことを付け加えておく。
（12） 増員されたチーフ等の半分強はトレーナーから補充された。
（13） サブマネージャーの前職は担当が最も多く，トレーナーがそれに次ぐ。

(14) したがって，担当だけが配置されたケース（2％），トレーナーがともに配置されたケース（9％）を含んでいる。後者で多いのは，鮮魚のチーフ等管理者＋トレーナーの組み合わせである。

(15) これらの部門には加工作業がなく，見切りも特別の判断を要しない。発注に関しては自動発注化が進んでいる。自動発注とは，在庫が一定以下になったときに自動的に発注するシステムである。対象となる商品は定量的な規格の定まったものであり，最終的なチェックは必要だが，現在では売場での在庫確認も必要なくなっている。

(16) 2000年に増員されたスーパーバイザーのほとんどはチーフとトレーナーから異動しており，2001年の場合は大部分がチーフから異動している。

第3章
店舗と店長の管理

この章では，上部管理者による店舗の業績管理と店長の人事管理について分析する。それらは重なり合うところが多いが，本書は意識的に区別している。重なり合う例は，店舗の業績管理と店長の人事考課（特に賞与）が店舗予算の達成度を基準に行われることである。また，予算達成度が低い場合に上部管理者によって行われる指導は，店舗に対する指導であると同時に店長に対する指導でもある。とはいえ，上部管理者が管理する業績とは，直接には店長の業績というよりは店舗の業績であろう。特に効果の面で，人事管理上の措置は店舗業績から独立している。予算達成度が低い場合，人事考課によって店長の賞与は低くなるが，それによって当該店舗の営業成績が改善されるわけではない。そのために人事管理上の措置とは別の指導が必要となる。[1]

1　店 舗 予 算

（1）店舗予算とは

　店舗・店長の管理は店舗予算を軸に行われる。店舗予算とは，店舗を運営するうえで必要となるさまざまな資源を配分し，その用途を定めると同時に，店舗が達成すべき数値的な目標水準を定めたものである。それは，店舗のパフォーマンスを評価する基準であると同時に，店長をはじめ，管理的な立場にある店舗正社員の人事考課の基準にもなっている。A社の2005年度の店舗予算案の概要が図表3-1である。

　図表3-1の売上高とは，店舗本体の販売活動から得られる収益である。この売上高と店舗に入っているテナントの売上高が，店舗の収益（営業収益）の主な部分となる。2行目に示されている荒利益とは，売上高から商品の仕入価格を差し引いたものである。[2]荒利益から広告宣伝費のような販売費，人件費，さらに賃借料・租税公課・減価償却費等の一般管理費を控除したものが営業利益である。賃借料以下の，店舗資産から発生するコストも店舗の責

図表3−1　店舗予算案（2005年度，イメージ）

科目名	2003年度実績	2004年度実績見込	予算対比	2005年度予算	伸び率	予算案策定理由記入欄
売上高	○○○	※※※	×××	・・・	・・・	営業収益面
荒利益	×××					
テナント売上高	▲▲▲					
その他売上高						
営業収益合計	○○○					
広告宣伝費						販売費面
・・・・・						
販売費合計	◇◇◇					
給与及び手当						人件費面
賞与引当金	×××					
・・・・・						
人件費合計	※※※					
						一般管理費面
賃借料						
修繕費						
租税公課						
減価償却費						
・・・・・						
一般管理費合計	○○○					
営業利益	×××					経常利益面
営業外収益	▲▲▲					
本部負担金						
投資支払利息						
営業外費用合計	□□□					
経費合計	▽▽▽					
経常利益	○○○					

各指標	昨年	見込み	改善率	来期予算	改善率	その他・外部情報
荒利益率	○○○	※※※	×××	・・・	・・・	
労働分配率						
経常利益率						
・・・・・						

A社資料より作成。

任として予算に含まれている。さらに，本社のサポート活動に対する費用である本部負担金(売上高に対して一定の比率で計算)も店舗予算に含まれている。最終的には，経常利益の計画値が明示されている。店舗が（経常）利益の計算単位として位置づけられていることが分かる。

図表3-1の下の欄に荒利益率，労働分配率，経常利益率が示されている。荒利益率は荒利益を売上高で割ることによって求められ，荒利益を出すために効率よく販売したかどうかを示す指標である。労働分配率は，通常，人件費合計を付加価値で割ることによって求められるが，A社の場合は荒利益が分母になっている。店舗がいかに効率的に労務管理を行い，利益を生み出したかを示す指標である。経常利益率は，通常，経常利益を売上高で割ることによって求められるが，A社の場合は営業収益合計が分母になっている。店舗の総合的な収益に対する経常利益の比率が高いかどうかを示す指標である。

図表3-1は年間の予算表であるが，月次の予算，商品部門別の予算も作成される。前者の場合，取り上げられる項目は年間の予算表と同じであるが，後者の場合は予算年度の売上高およびその対前年度比，荒利益およびその対前年度比，荒利益率である。

店舗および店長の評価は，店舗の業績管理においても，店長の人事考課においても，前年度実績値を参考にしつつ，実績値と予算数値を比較すること——予算達成度——によって行われる。本社スタッフの話によれば，同規模の店舗であっても，店舗の状況（商圏の世帯数・同業他社店舗等）がすべて異なるため，店舗間比較は参考にするとしても，それによる管理は行えない（行わない）という。

(2) 予算編成

店舗予算の編成は以下のように行われる。

予算編成は店長による店舗予算原案の作成から始まる。12月末頃，店長は

その年度——3月から翌年2月まで——の担当店舗の売上高等に関する実績見込みをもとに，翌年度の店舗予算原案を作成し，所属エリアのエリアマネージャーに提出する。売上高等の数値は部門ごと月ごとの積み上げであり，場合によっては週，日の積み上げになる。極端な話として，売上高は，クリスマスが週末であるかどうかによっても変わってくる。人件費は，昇級・昇格やベースアップを織り込んだうえで，指針となる労働分配率の範囲内に納まるよう定められる。

　エリアマネージャーは，各店舗の予算原案を積み上げ，経済環境，競合店の状況，全社的な目標を織り込んで修正を行い，各店舗に落とし込む。その後，店長からの意見を吸い上げ，再度調整を行って，エリアの予算原案を作成する。本社スタッフによれば，店長は，現状に近く，クリアしやすい予算を組む傾向にあるため，エリアマネージャーはあるべき水準まで目標を引き上げることになる。こうした調整は2度，3度と行われることが普通だという。

　エリアマネージャーは本社の予算編成会議にエリア予算原案を提出する。編成会議では，消費者の行動に影響を与える経済要因を予測し，販売面の数字と仕入れ面の数字の摺り合わせが行われる。そのうえで全社的な予算と各エリアの予算が決定される。本社スタッフによれば，決定されたエリア予算は予算原案より高くなるのが普通だという。

　エリアの予算案と決定予算に差額がある場合，エリアマネージャーは差額を各店舗に配分する。どう配分するかはエリアマネージャーと店長が話し合って決める。一律に上乗せすることもあれば，個別に上乗せ額を決めることもある。いずれにせよ，店舗予算は店長が作成した予算原案より増額となることが多い。

　予算は必ず達成すべき目標であるが，店舗・店長の努力ではどうすることも出来ない場合がある。競合店の出店は事前に予測できるケースが多く，予算に織り込むことが多いが，予測できない事象が生じた場合には，実績数値は記録するものの，年度途中で予算を修正することがある（期中修正）。

予算の修正は店舗の改装やフルタイム人員の増減を伴う場合に行われる。それに対して，競合店対策で販売活動を強化するために本社の人員が応援に出る場合には，予算修正は行われない。同様の応援は，改装，開店，年末年始にもあるが，これらはすべて店舗予算には反映しない。

2　店舗業績の管理

(1) 営業数値の管理

　店舗業績を管理するさいの基礎になるのは，さまざまな形に整理された営業数値である。基本的なのは損益計算資料であり，ここには部門別，エリア別，店舗別・工場別の月ごとの数値が整理されている。整理されている指標は，予算表と同様に，売上高，荒利益，販売費，人件費，本部負担金，経常利益であり，予算と前年度実績，今年度実績が記され，今年度実績の予算比，対前年度比が示されている。

　店舗に関してはより細かい数値が存在し，その中に異常値が含まれる場合には，より詳しい要因分析が可能となる。すなわち，売上高や荒利益以外に，ロス（廃棄等），格下げ（値引），1人あたり・売場面積あたりの売上高・荒利益等である。これらのうち，売上高については毎日，利益については毎週数値が出る。これらの業績は予算達成率順に見ることができるため，問題のある店舗・部門を発見するのは，それほど難しくない。

(2) 営業会議

　A社の営業活動の節目になるのは，月1度の営業会議である。まず全社会議が開かれ，その後エリア会議が行われる。全社会議には社長以下，本社スタッフ——人事・総務部門の管理者と営業部門の管理者（エリアマネージャー，スーパーバイザー，バイヤー）——，店長が出席する。この会議は全社

的な状況を本社スタッフと店長が共有する場であり，販売・人事関係の重要事項の説明・伝達が行われる。人事関係の重要事項としては，各店舗の労働分配率，労働法規上の問題等がある。個々の店舗の業績が問題にされることは少ない。ただし，まったくないわけではない。

　エリア会議では本部の責任者がエリアごとに重要事項の説明・伝達を行う。説明を行うのは，人事・総務部門の責任者，商品購買部の各部門長（上級バイヤー），販売担当の各部門長（上級スーパーバイザー）である。これらの責任者は，売り方や管理面について指示を出したり，成功事例の紹介を行う一方で，売上高等に問題のある店舗に対して，説明を求めることがある。

　エリアマネージャーは，営業会議では，どちらかというと店長をかばうことが多い。これ以外に，たいてい月1回エリア会議があり，エリアマネージャーはそこで店長と細かい話をしているためである。さらに，問題のある店舗に対してはエリアマネージャーが店舗を訪れ，直接注意を与える。

(3) 日常的・個別的管理

　店舗業績の管理は，会議の場よりはむしろ，日常的かつ個別の接触を通じて行われる。エリアマネージャーはエリア内の店舗を月2回程度訪れ，店舗の業績について店長と話し合い，問題があれば注意を与える。問題のある店舗では，両者の協議はより頻繁に行われる。スーパーバイザーも，担当する部門で問題のある店舗を訪問し，店長，チーフと面談する。

　店舗業績の管理で重要な指標は，売上高，荒利益，経常利益であり，労働分配率である。しかし，店舗の状況をチェックするさい，上部管理者が特に重視するのは売上高であり，これが大きく減少した店舗は重点監督の対象になる。荒利益以下の指標の悪化は，売上高の減少から派生的に——それに応じた経費削減が遅れることによって——起こることが多い。

　店長から相談がない場合，上部管理者は問題の原因が外部要因か内部要因かを調べる。外部要因で多いのは競合店の出現である。その場合には，売上

高減に対応した予算組み替えを行う一方で対抗措置を取る必要がある。内部要因——店舗管理上の問題——は外からは分かりにくい。そうした場合，上部管理者は店舗訪問時に基本的な管理ができているかどうかをチェックする。例えば，欠品がないか，従業員の身だしなみに問題がないか，清潔感が保たれているかどうか，等である。ただし，本社スタッフによれば，外部要因か内部要因かを問わず，問題の発見や対応策の検討は，本来店長が主導すべきものである。

3　人事処遇制度

（１）成果主義的管理

　人事処遇制度に関して，A社は，日本の多くの企業と同様に職能資格制度をとってきたが，2000年代の初めに，年功的要素を排除し，成果主義的管理を強める改革を行った。この改革によって，管理層については，その給与（貢献給）は貢献グレード一本で決まるようになった。

　貢献グレードとは，職務の価値ではなく，発揮された仕事の価値を示すものであり，ポスト自体の責任の大きさに加えてポストに就いている人の貢献への期待を含んだものである。そのため，職務給が仕事の価値と１対１の関係にあるのに対して，貢献グレードは仕事の価値を基準としつつ，仕事に就いている人への評価も含むことになる。店長は，店舗の規模と規模ごとの営業収益予算に従って複数のグレードに分類された。貢献給の基準額はこのグレードによって決まり，人事考課によって上下数段階の幅で変動することとなった。

　シングルレートの職務給の場合，人事異動の結果として給与が下がるケースがあり，そのような場合，人事異動を当事者に納得させるのは難しい。それに対して貢献グレード制度では数段階の幅があるため，人事異動がやりや

すくなる。また，この幅を設けることにより，職能資格制度のような積上方式ではなく，洗替方式で社員の能力と努力を評価することが可能となった。

(2) 人事考課

　店長に対して行われる人事考課では主に業績が評価されるが，財務的業績が最も重視されるのは賞与であり，これに給与，昇進が続いている。

　賞与の人事考課は年2回行われる。店長の場合はエリアマネージャーが面接の上，一次考課を行う。二次考課者は営業本部長である。人事考課は，評価項目ごとに評価点をつけ，ウェイトを付けて考課点を計算する。財務的指標（数値実績考課）に関しては，毎月の予算に対する達成度から自動的に評価点が決まる。ウェイトが特に高いのは経常利益と労働分配率であり，営業収益，直営荒利益等がそれに続く。非財務的指標（行動実績考課）ではまず店長が自己評価を行い，それをもとにエリアマネージャーが評価点をつける。財務的指標と非財務的指標で考課点の比重が高いのは前者である。

　給与の場合，人事考課は年1回行われ，考課者は賞与と同じである。評価にあたっては，業績だけでなく職務遂行評価や目標管理評価が行われるため，賞与よりも非財務的な要素の比重が高くなる。

　本社スタッフによれば，昇進は予算達成度の影響を受けるが，賞与や給与よりも非財務的な業績，能力──「指導力」や「クレーム処理能力」，「コミュニケーション能力」，「判断力」，これらを包括するものとしての「人間力」ないし「本当の力」──が重視されるという。

4　店長の意識

　店長は以上のような人事考課をおおむね肯定的に捉え，受け入れているが，労働条件に対してはある程度の不満が存在する。以下は店長に対して行った

アンケート調査の結果である。

(1) アンケートの概要

　このアンケートは，店長に対する人事考課に関して店長自身がどう考えているのかを調べるために行われた。すなわち，人事考課で重視される財務的指標は何か，予算達成度は報酬にどの程度反映しており，店長はそれをどう考えているのか，昇進に影響を持つ業績は何であり，店長はそれをどう考えているのか，店舗予算の編成や労働条件についてどう考えるのか，等である。

　調査票は2007年2月上旬にA社人事部を通じて各店舗の店長に配付した。記入された調査票は，3月末を期限として店長がわれわれに直接返送する形をとった。回収率は90％弱だった。

(2) 財務的指標と人事考課

　図表3-2に示しているように，人事考課でどのような財務的指標が重視されているかについて，店長の認識は正確である。エリアマネージャーと面接のうえで人事考課が行われているためであろう。

図表3-2　人事考課で重視される財務的指標　(％)

財務的指標	順位 1	2	3
売上高	5	25	31
荒利益率	1	12	21
営業利益	2	11	10
経常利益	91	4	3
労働分配率	1	47	29
その他	0	0	5
計	100	100	100

店長アンケートより作成（以下同じ）。

(3) 予算達成度と人事考課

　予算達成度と賞与の関係については，図表3-3aに示しているように，ほとんどの店長は予算達成度が賞与に反映していると感じており，反映していると感じる店長ほど,賞与は客観的な公式ルールで決定されると感じている。また，図表3-3bに示しているように，ほとんどの店長は，予算達成度の賞与への反映度は現状のままでよいと考えている。そして，予算達成度が賞与に反映していないと感じる店長ほど，賞与により反映させて欲しいと思っている。

　予算達成度と給与の関係については，図表3-4aに示しているように，予算達成度が給与に強く反映していると感じる店長は少ない。ただし，反映していると感じる店長ほど，給与は客観的な公式ルールに基づいて決まると感じている。また，図表3-4bに示しているように，ほとんどの店長は予算達成度の給与への反映度は現状のままでよいと考えている。そして，給与の場

図表3-3a　予算達成度と賞与の関係（1）　　　　　　（%）

予算達成度の賞与への反映	賞与の決定方法			
	主観的	中程度	客観的	計
反映しない	1	1	1	3
中程度	1	22	9	32
強く反映	1	16	49	66
計	3	38	59	100

図表3-3b　予算達成度と賞与の関係（2）　　　　　　（%）

予算達成度の賞与への反映	賞与への反映度に対する希望			
	反映させない	現状でよい	反映させる	計
反映しない	0	0	3	3
中程度	2	24	5	31
強く反映	6	57	3	66
計	8	81	11	100

図表3-4a　予算達成度と給与の関係（1）　　　　（%）

予算達成度の 給与への反映	給与の決定方法			
	主観的	中程度	客観的	計
反映しない	3	6	5	15
中程度	1	52	16	68
強く反映	0	1	16	17
計	4	59	37	100

図表3-4b　予算達成度と給与の関係（2）　　　　（%）

予算達成度の 給与への反映	給与への反映度に対する希望			
	反映させない	現状でよい	反映させる	計
反映しない	1	11	3	15
中程度	3	58	8	68
強く反映	2	16	0	17
計	5	84	10	100

合には賞与と異なり，予算達成度が給与に反映していないと感じる店長が，反映度の強化を希望するという関係は確認できない。給与は生活の原資であり，不確定な業績によって変動することを望まない，という意向が表れているのであろう。

　ほとんどの店長は，財務的業績が昇進に影響を与えると感じている。「強い影響」は32%，「中程度」は64%，「影響しない」は4%であった。影響を与えると感じる財務的指標は，経常利益が最も多く，売上高，営業利益が続いている。非財務的業績の影響についても同様であるが，その度合いはやや小さい。「強い影響」は15%，「中程度」は77%，「影響しない」は9%であった。さらに財務的・非財務的業績が昇進に与える影響のあり方については，「現状でよい」が88%，「反映させる」と「反映させない」がそれぞれ6%であり，大多数の店長は現状のままでよいと考えている。

（4）予算編成と労働条件

　予算は店舗と店長を評価するさいの基準になるが，店長が予算編成会議に直接参加することはない。そこで，店長に予算編成会議への参加意欲を質問したところ,参加意欲がある程度存在することが分かった。「参加を希望する」は29％,「どちらともいえない」は63％,「参加を希望しない」は9％だった。予算編成時の店舗予算原案の取り扱いは図表3-5に示している。店長によれば，店舗予算原案は修正されることが多く，修正の内容も詳細であり，増額の場合が多い。

　労働条件に関しては，店長の間にある程度の不満が存在する。図表3-6に示しているように，「中程度」の店長が多いが，「不満」の店長が3分の1ほどいる。そして，店長経験の長い方が不満の割合が低いことを確認できる。自由回答から得られた不満は,労働時間の長さに対するものが大半であった。ベテランの店長が経験の蓄積によって効率的な店舗管理を行うのに対して，経験の浅い店長は，フルタイム人員の削減から発生する問題（後述）に対して，

図表3-5　店舗予算原案の取り扱い　　（％）

修正の有無		修正の内容		増額の有無	
全くない	0	大まか	15	全くない	1
中程度	14	中程度	52	中程度	15
多 い	86	詳　細	33	多 い	84
計	100	計	100	計	100

図表3-6　店長経験の長さと労働条件満足度　（％）

店長経験年数	労働条件満足度			
	不満	中程度	満足	計
～10年	27	35	0	62
11年～	8	27	3	38
計	35	62	3	100

対応に時間がかかるのかもしれない[4]。なお，自由回答に，給与に対する不満はほとんど見られなかった[5]。

（1） この点に関連して中村圭介［2006］は，成果主義を念頭に，通常挙げられる人事管理の方策だけで人事管理の目標である「労働力の効率的利用」は達成されず，「労働力の効率的利用」のためには，人事管理の概念を，「部門別業績管理」を含めた「仕事管理」へと拡大すべきだと主張している。それに対して筆者は，醒めた言い方ではあるが，通常いわれる人事管理の方策は，必ずしも業績の向上に結びつくとはいえないがゆえに，業績管理ではなく人事管理なのではないか，と考えている。
（2） 製造業の場合には売上高から売上原価を差し引いたものを粗利益と表示するが，小売業では仕入原価を差し引いたものを荒利益と表示することが多いので，本書もそれにならった。損益計算書上では，売上総利益と表示されるものを意味している。
（3） この点でA社の予算編成のプロセスは，中村・石田［2005］のデパートの事例——まず年半期予算が立てられ，次に各月の予算が作成される——と対照的である。
（4） われわれは当初，労働条件の満足度は店舗規模と関係があるのではないかと考えた。フルタイム人員の配置状況が店舗規模の影響を受けるからである。だが，この関係は確認できなかった。
（5） A社が行った従業員意識調査でも同様のことが見られる。労働条件に不満を持つ店長の約4割はその理由に労働時間の長さを挙げているが，給与の低さを挙げる者は少ない。

第4章
店長による店舗管理

この章では，店長の仕事がどういうものであり，店舗管理の変容が店長の仕事をどう変えたのか，店長に求められる能力が何であるのかを検討する。店長の仕事に関しては，それを店舗運営の PDCA——Plan, Do, Check, Act——のサイクルと捉え，各局面の重要事項を紹介する。店長に求められる能力は，これらのことを検討するなかで浮かび上がってくる。

1　店長の仕事

(1) 店舗運営の PDCA サイクル

　スーパーマーケットの店長の仕事は，一言で言えば，店舗運営の PDCA サイクルを回していくことである。Plan とは年1回行われる店舗予算の作成であり，Do とは店舗予算を基礎にした店舗の直接的管理である。Check とは営業数値の予算との差異を発見し，その原因を把握する作業であり，Act とは発見された問題への対処である。

　これらのうち，Plan——店舗予算の作成——に関しては前章で扱っているため，ここでは Do 以下について述べることにする。

(2) 制約条件と規模による違い

　店長を管理する本社スタッフは，競合店の出現等，外部的な要因が存在することは認めつつも，異口同音に店長の役割を強調し，店長によって店舗は随分変わると主張する。スーパーマーケット業界のテキスト（以下，テキストと略）も，「業態や立地はトップの意思決定によるが，売場の完成度の80％は店長の考え方により決まる」としている。

　ただし，その一方で，A 社のようなチェーンストアの場合，店長の店舗運営には一定の制約があることも事実である。

　第1は店舗予算による制約である。店舗予算には，収益に関わる項目——

例えば，売上高や営業利益，経常利益——のような，達成すべき目標だけでなく，販売費や人件費といった経費が含まれているので，店舗運営の Do の局面で店舗が展開できるさまざまな活動のレベルも決まってくる。そのため，予算の枠を超えて販売活動を強化するためには，店長は予算修正についてエリア管理部と協議する必要がある。

　第2は商品の仕入れと価格設定に関する制約である。店舗の収益の大部分を占めるのは商品の販売から生み出される売上高であるが，仕入れの範囲は限定されている。店舗が販売する商品の種類・仕入先・仕入原価などを決めるのは基本的にバイヤーであり，店舗の努力は仕入れの時期や数量の決定をより的確に行うことに向けられる。とはいえ，店長は月1度開かれるエリア会議で商品購買部の上級バイヤーに希望商品を提案することができ，エリアマネージャーは店長に積極的な提案を行うよう求めている。

　第3に，売場作りにおいても，店長はまったく自由というわけではない。商品部門別に売上予算があり，各商品部門は店長とともにスーパーバイザーによっても管理されているからである。店長によれば，単一の部門内であっても，商品の並びを変えたいときにはスーパーバイザーの意見を聞く必要があり，複数の部門間で売場面積を変更する場合には，スーパーバイザーを越えてエリアマネージャーに相談する必要がある。ただし，店舗を任されているのは店長であり，店長の責任で，と言えば，だいたい通るという[3]。

　店長の仕事は店舗の規模によって変わってくる。小型店に比べて大型店は広域の商圏があるため，競合店に対して優位な商品を提供することによって集客できるかどうかが問われる。また，大型店ではテナントの管理が重要であり，テナントを含めた集客対策が必要になる。対外的な仕事も多くなる。それに対して，小型店の場合は現場での陣頭指揮が多くなり，接客や優待カードといった顧客一人一人に対する働きかけが重要となる。

2　店舗運営の Do：店舗の直接的管理

　店舗の直接的管理は，店舗の資産，商品と商品部門，人員，顧客の管理に分類される。[(4)]

（1）資産管理

　店舗の資産とは店舗や什器などを指し，店長はこれらを維持管理しつつ，活用することで，企業目標の達成や利益などの獲得を目指す。具体的には，駐車場，照明，消防設備，後方施設（更衣室，食堂等）の点検，売上等の現金，金券の管理，経費の支払処理の確認，現金実査への立ち会い等であり，チーフとともに売場設備，清掃状況を確認することも含まれる。なお，大型店で管理マネージャーが置かれている場合，これらの仕事は，大部分，管理マネージャーが行うことになる。

（2）商品と商品部門の管理

　商品と商品部門の管理は，店舗の資産を利用して，仕入れた商品を販売し，売上高・利益に結びつけ，企業の存続と成長を確保するための活動を意味する。例えば，どんな商品をいつ，どのくらい発注し，どこに，どのような棚割で配置して，どのくらいの価格で販売するのか，などについての計画（販売計画）と管理である。これらは，当該部門にチーフがいる場合，基本的にチーフの仕事であるが，店長はチーフの仕事ぶりを監督し，必要に応じて部門間の調整を行う必要がある。また，店長には，地域の行事や天候から特定の日時の来客を予想し，それに応じた対応を指示するといった役割がある。[(5)]

　商品と商品部門の管理のうち，本社スタッフが強調するのは生鮮部門でのロスの防止である。生鮮部門は鮮度の関係から，以下で述べるロスが発生し

やすい。これを防止するのは的確な発注と見切りである。このうち発注はチーフの責任であるが，店長の方針，姿勢，やり方で，ロスの原因となる見切りや廃棄は随分減らすことができる。特に小さい店でそうである。具体的には，地域の行事や天候を考慮して発注すること，発注システムに搭載された関連情報を発注に活かすことである。

　テキストによれば，ロスが多いというのは結果であり，その結果に至るまでのプロセスを改善しなければ，ロスは削減できない。つまり，ロスが出ないような売場の仕組みを作ることが重要である。[6]

　ロスには実質ロス（値下げロス，廃棄ロス）とチャンスロス（売り逃し）の2種類のロスがある。これらは相対する概念であり，実質ロスを減らそうとすればチャンスロスが増え，チャンスロスを減らそうとすれば実質ロスが増えるという関係がある。実質ロスについて言えば，一般にロスを出さない管理の方法として，「仕入れすぎない」，「作りすぎない」，「出し過ぎない」という格言があるが，これを忠実に守っていてはチャンスロスが増えてしまい，縮小均衡の道を辿る。ロスを削減するためには，2つのロスを同時に削減する仕組みを作る必要がある。

　まず行うことは，正確なデータをとって分析を行い，商品ごとにロス発生の大きさ（金額）と原因を把握することである。データ分析の切り口は3つある。商品部門別にロス率を比較する，曜日別にロス率を比較する，特売や天候等で比較する，である。実質ロス削減のためには，発注，加工，見切り，在庫の4つの管理が必要である。加工については，販売状態に合わせてこまめに加工，陳列をする必要がある。しかし，限られた人員で限られた時間内に多品種の商品を品揃えすることは容易でなく，実現しようとすればコストがかかり，売価を引き上げなければならなくなる。それゆえ，特に重要な商品――売上とロス率がいずれも高い――に限って商品加工を2回に分けるといった工夫が必要になってくる。

　見切りに関しては，A社の場合，ある部門の見切りが他部門の売上に影

響を与えるため，基本的な判断はチーフがしても，最終的権限は店長にある。また，例えば降雨時に客足が鈍ることを予想して，店長主導で判断することもある。その場合も，店長は見切りの重点をどの部門に置くかを判断して指示する必要がある。

　テキストは見切りのタイミングを強調する。(7)生鮮食品の場合，翌日販売できない売れ残り商品は廃棄され，廃棄ロスが発生する。廃棄ロスは値下げロスに比べて非常に大きいため(8)，このような商品は，鮮度とは別に適時見切りを行わなければならない。見切りの開始は夕方の来店ピーク前がよく，ピーク後では遅すぎる。ピーク前に見切りを始めれば，それから客数が増えるので，値引きの幅が小さくとも十分販売に結びつくが，ピークが終わった後では客数が少なく，値引きが大きくなってしまう。とはいえ，夕方の来店ピークは天候等によって変化するため，その時々の状況判断が必要となる。

　商品と商品部門の管理に関する店長の役割として，さまざまなバランスをとることも重要である。ある本社スタッフは言う。

　　商品は陳列場所や販売の方法によってある程度コントロールできる。重点商品の力の入れようによって売上と利益はコントロールできる。利益はミックスである。原価以下で売る商品もあれば，自社開発商品のように中間マージンを取られない利益商売もある。これらを組み合わせる工夫が不可欠である。人の投入と売上のバランスを取った販売形態も重要である。重点商品の売上は店舗の規模とは比例せず，各店の取組方や企画の良し悪しに依存している。

　このバランスに関して，スーパーバイザーの経験が長い店長は，スーパーバイザーと比較して運営管理全般が仕事なので，一部に集中せずに全体をバランスよく見ることが大事であり，そのために各部門の担当者とコミュニケーションをよく取る必要がある，と指摘する。コミュニケーションは，毎

日顔を合わせること以外に，会議の場で行われる。チーフに対しては，週1回，曜日を決めて部門長（チーフ）会議を行う。チーフから下へは部門ミーティングで伝達する。それ以外に，数分ではあるが，パート等を含めて朝礼を毎日行う。

(3) 人員の管理

　人員は店舗ごとに異なるため，これを適切に管理することが店長に課せられた最大の課題となる。この人員こそが営業数値に最も大きな影響を与える要素であり，それをコントロールする能力が店舗の業績を左右することになる。

　ただし，人員それ自体（人数）に関して店長の自由度はあまり高くない。特にフルタイム人員がそうであり，これに関しては部門ごとの売上予算を基準にして配置が決まる[9]。パート等に関しては，人数と時間給――店舗ごと，部門ごと，時間帯ごとに異なる――に関して店長に裁量があり，店長は来店顧客数に合わせた人員計画を立てることができる。ただし，いったん増やした人件費を削減することは実際には難しく，人件費はほとんど固定費化している。時間給に関しては，最低賃金や地域の相場を考慮しなければならない。

　店長にできることは，パート等の総人件費（総労働時間）の増減よりも，むしろ効率的な労働時間管理・人員配置であり，必要な時間帯に必要なだけの人員を確保することが重要である[10]。そのためには，店舗内で曜日・時間帯ごとに必要な作業がどれくらいあるのかを調査し，それに合ったパート等の出勤計画をたてる必要がある。パート等の労働時間管理は本来チーフの仕事であるが，店長は部門の積み上げが店舗全体の人員計画と大きな差がないかどうかチェックしなければならない。これを怠ると，売上が少ない月でもパート等の労働時間が減らず，逆に12月の繁忙期になると，就労調整の結果，労働時間が減るという奇妙な現象が起こる。

　人員の管理のなかで本社スタッフが重視するのは人材の育成である。前項

との関係でいえば，漫然と同量発注するのではなく，地域の行事や天候，売上に影響を及ぼす情報を活かせる従業員を作っていくことが人材教育の柱であり，店長は事前に予測・計画し，リーダーシップを発揮して売場展開や従業員の意識付けを行うことが期待されている。また，パート等を採用するのは店長であり，店長は彼らを正社員と同様に育てていく責任がある。

このうちチーフの育成について，ある店長は次のように回顧している。

　ある大型店の加工食品のチーフだったとき，店長の方針で，将来にそなえ，自部門だけでなく，互いに他部門の経験をするようにとの指示があり，これが店長になるための勉強になった。鮮魚部門に行って魚を切ったり，提案メニューを作るために他部門に出向くこともした。大型店では人員がそろっており，チーフ自体は直接作業をせず，さまざまな企画・判断が仕事となる。他の部門で得たヒントとして，野菜の相場が高いときは半分ないし4分の1にして販売するやり方を学んだ。他方，この場合，手間がかかるので通常より必要な人員が多くなるということも分かった。

パート等の育成のうち，特に基幹パートの育成に関して，店長は育成チームの1人として活動する。店長は本社の人事担当者に基幹パート候補になりそうなパートがいることを知らせ，関係部門のスーパーバイザーやチーフとともに指導していく。特に重要なのは，本人の意欲を高めて，基幹パートへの昇級試験を受ける気にさせることである。

人員の管理に関して店長が強調するのは，パート等との人間関係である。店長の1人は，パート等と直接声を掛け合える関係になって，早めに必要な情報を把握できるように心がけており，相談があれば必ず何らかの行動を起こすようにしている，と語った。別の店長は次のように述べた。店は人で成り立っているが，パート等の人間関係は難しい。彼らに気持ちよく1つの目標に向かって働いてもらうことが非常に重要であり，そういう状態にするの

が店長の役割である。一丸となった勢いがあるかどうかは売上に大きく影響する，と。この店長は，かつてチーフ時代の店長から学んだこととして，パートを採用したらすぐに面接して顔と名前を覚え，会社に対して何を考えているか，店長に何を期待しているか聞くようにしている，という。

（4）顧客の管理

顧客の管理とは，以上の3要素の結果として，顧客が来店し，店舗が提供する商品，サービスや雰囲気等に満足してもらう事である。顧客満足（カスタマー・サティスファクション：CS）を確保する活動がこれに含まれ，CSを維持することで，店舗および企業の存続と成長が可能となる。したがって，顧客の管理はほとんどが以上の3要素と重なり合っており，これ自身として存在するのは，接客や優待カード，地域へのPR活動，クレーム処理等ということになる。

3　店舗運営のCheckとAct

（1）店舗運営のCheck

店長は自店の問題を発見し，その原因を特定することが求められる。問題は店舗業績の予算との差異となって表れる。店長は自店の商品や顧客のデータを分析し，予算との差異がどこで起こっているかを調べなければならない。テキストによれば，そのさい最も重要な指標となるのは売上高である[11]。売上高は，月別の数値を追っても季節変動のために傾向を読みにくいため，前年同月との比較を行う。売上高の対前年度比が低下しているのであれば，次にすべきことは，売上高の低下が客単価と客数のいずれの低下によるものなのか，見定めることである。売上高，客単価，客数には，売上高＝客単価×客数の関係がある。また，売上高の低下がいずれの商品部門で起こっているか

63

を特定することも必要である。

これらの分析の結果，客数に大きな変化がなく，売上高の低下が客単価の低下によるものであること，畜産部門が不振であることが分かったとする。次は畜産部門の現状把握である。まず，自店で買い物をした顧客のどれほどが畜産部門の商品を買っているのか，部門の支持率（部門客数÷店舗客数）を調べ，他部門と比較する。そして，畜産部門の売上高の低下が客単価と客数の低下のいずれによるものなのかを調べる。その結果，畜産部門の支持率が他部門と比べて低いことが確認され，客単価と客数がいずれも低下しているとする。そうであれば，次に客単価について，その低下が一品単価の低下によるものなのか，買上点数の減少によるものなのかを調べる必要がある。客単価，一品単価，買上点数の間には，客単価＝一品単価×買上点数の関係がある。

実際，店長はこれらの指標を使って，自店の状況を十分に把握していた。ある店長は次のように述べる。

　　当店の売上は予算より若干低い結果を予想している。客数は昨年比103％と伸びているが，目標は105％なので，少し足りない。客単価を上げるのは難しいので，客数を伸ばすのが課題である。客単価はＡ社平均より１割ほど高い。今年，客単価は20円くらい上がっているが，商品の価格が上昇しているためである。１人あたり買上点数はＡ社平均よりやや多いが，当店の目標には達していない。やはり売上を伸ばす効果が大きいのは客数である。客数が１人増えれば，年間で数十万円の伸びになる。

店長が次になすべきことは，予算との差異の真の原因をつきとめることである。原因は店舗内部――例えば従業員の人間関係――にあることもあれば，外部――例えば競合店の進出――にあることもある。

（2）店舗運営の Act: 発見された問題への対処

　問題が従業員の人間関係にあるのであれば，店長はそれを解きほぐさなければならない。ある店長は，売場に大きな変更がないにもかかわらず売上が減少するのであれば，内部に何か問題があるので，早めの対策が必要だ，と指摘する。

　外部要因で多いのは競合店の出現である。本社スタッフは次のように語る。

　　店長はまず競合店を調査し，自店の弱点を把握する必要がある。そして，本社とのネットワークを駆使して対策を立てなければならない。

　　売上の悪化に対しては，売上減に対応した予算の組み替え（再編）を行いつつ対抗手段を取るか，あくまでも売上を追求するかの選択がある。前者の場合，販促費はなかなか落とせないので，売上減による作業量の減少に対応した人件費（パート等の総労働時間）の削減を行う。これは契約打ち切りで対処することが多いが，パート等の側にも事情があるので，数ヶ月かかる。売上減に対応した人件費のコントロールができないと，労働分配率を押し上げる結果となる。

　　予算の組み替え（再編）と人件費コントロールは，本来，店長自身が行うべき仕事である。改装等が必要であれば，どのような改装を行うかを，予算面まで含めて意見具申できるのがよい店長である。いずれにせよ店長には積極的な問題解決が求められており，ここで店長の能力が問われることになる。

　具体的な事例として，A 社 X 店の事例を紹介する。この店舗には近隣に畜産を得意とする B 社の競合店があり，さらに鮮魚を売り物にする C 社が最近出店した。その結果，X 店では畜産と鮮魚の売上に問題が表れた。X 店には鮮魚と日配にチーフが配置されていたが，C 社出店時の X 店店長は，日配に置かれていたチーフをトレーナーに代え，かわりに惣菜にチーフを置

いて，この部門を強化した。その後，鮮魚出身の新店長がX店に赴任した。われわれがインタビューしたのはこの店長である。同店長は次のように語る。

　畜産と鮮魚の状況はなかなか改善できない。客数は増えているが，1人あたり買上点数が伸び悩み，客単価は下がっている。客単価が落ちているのは競合店に合わせて値段を下げているためだが，顧客は畜産や鮮魚といった商品種ごとに買う店を決めているようで，そのために客数の伸びにもかかわらず売上が伸びない。エリアマネージャーからはこれらの部門を改善するように指示されており，自分でも努力しているが，いったん「畜産はB社」，「鮮魚はC社」というイメージが出来てしまうと，客足を取り戻すのは難しい。それに対して物菜は好調である。

　畜産と鮮魚については本社のスーパーバイザーとともに取り組み，私とスーパーバイザーがそれぞれ競合店を見に行った。鮮魚に関しては，赴任から4ヶ月ほどたった頃，スーパーバイザーを通じて本社から人員を応援してもらい，品揃えを強化して1ヶ月間鮮魚の売り込みを行った。当時，本社の鮮魚部門で，どこかの店を選び，売り込み強化をする実験的な計画があり，X店が選ばれた。その反応はすぐに売上に表れた。しかし，その状態を継続することが現在の人員では難しく，再び尻すぼみになっている。どのような対策をとればよいかという答えはある程度出ているが，限られた人員(12)でどうやりくりしていくかが難しい。とはいえ，競合店も疲れてきているようであり，状況は改善できると思う。

4　変容する店舗管理の影響

　かつては，ある程度の大きさの店舗であれば，各部門にチーフが配置され，チーフが各部門を管理していた。その後，フルタイム人員が削減され，チー

フが常に置かれるのは鮮魚部門だけとなった。第2章で見たように，小型店の場合，生鮮部門ではトレーナーの配置が一般的となり，非生鮮部門ではトレーナーも配置されなくなった。こうした状況の下で店舗管理はどう変わったのか。

　店長によれば，パートの基幹化と店舗を超えた部門管理は進展しているが，限界はある。そのため，店長が各部門のパート等に直接指示を与えることが多くなった。以下では，店舗の直接的管理にとって重要と思われる発注，見切り，販売計画を中心に，店長の役割がどう変わったかを検討する。

　この変化は，店長のキャリアを考えると特に重要である。スーパーマーケット業界が一般にそうであるように，A社の場合も正社員のキャリアは部門別に組まれており，そのため多くの店長は，出身以外の部門をほとんど経験することなく店長になる(13)。こうした店長のキャリアは，各部門にチーフが配置されていた頃は，特に大きな問題ではなかった(14)。しかし，チーフの配置される部門が少なくなり，基幹パートによる代替に課題が残るのであれば，店長が出身以外の部門をどう管理しているのかが問題となる(15)。

(1) 発　　注

　店長によれば，中小型店の場合，チーフがほとんどいなくなったため，発注は基本的にパートが行ったものをトレーナーが確認している。店長は原則として関与しない。ただし，特に切らしてほしくない物については，店長がその旨注意を与える。また，来客に影響を与えそうな要因——運動会，遠足等の行事，催事——については店長が事前に情報を集め，パートに伝えている。

　ただし，パートは午前中の勤務で午後の売れ行きを判断しなければならない難しさがある。そのため，午後に売れ行きがよいため品切れしても，午後のどの時点で品切れしたかが分からず，いつもと同じ量を発注してしまい，チャンスロスが発生する。このあたりのことをうまく伝えて発注精度を上げ

ていかないと，収益を上げるのは難しい。

（２）見　切　り

　すでに述べたように，A社の場合，見切りの最終的権限は店長にある。とはいえ，通常の場合，基本的な判断を行うのはチーフであり，店長の役割は，本来，チーフ間の調整にあった。チーフが削減された結果，誰がどう判断するかが問題となる。店長は次のように述べる。

　　日配と加工食品については，見切りの基準や販売期限がA社の規定として定められているため，チーフがいなくても特に問題はない。例えば牛乳であれば△日前に2割引，○日前には売場から撤去という基準がある。加工食品の場合であれば，賞味期限の□ヶ月前ぐらいの時点で撤去するよう指示している。それに対して，生鮮部門についてはチーフがいてくれれば楽であり，できればいてほしい。チーフなら，最初の加工から見切りまでの1日の流れを掴んでいるため，きめ細かな判断ができる。閉店までそれぞれの商品が残るかどうかを予測して，商品ごとに2割引を貼ったり，貼らなかったり，値引率を調整するといった判断である。確かにチーフがいなくても，店舗ごとに見切りの基準があり，トレーナーからある程度の指示があるが，パート等は細かい判断ができない。そのため一律に見切ってしまう。パートとアルバイトを比べると，より信頼できるのはパートであるが，夕方以降はパートよりもアルバイトの方が多くなる。店長もすべては管理できないので，トレーナーからの連絡事項等から重点管理商品を決め，天候や競合店の動き（チラシ等）を考慮して，パート等に見切り開始の時間や判断基準を与えている。

（３）販　売　計　画

　販売計画に関しては，店長の過重負担とならない措置が取られている。店

長は次のように語る。

　まず全般的な状況を見れば，以前は各店のチーフが自分の力量で販売計画を立て，売り切ろうとする一方で，バイヤーが大量に買い付けて各店に割り付けていく「送り込み」がよくあった。現在では各店でどれくらい必要かをなるべく早い時期に調べ，集約するようになっている。ただし，生鮮食品の場合は各店で欲しい商品が入荷できるかどうか分からないところがあり，逆に希望していた以上の量が入荷し，各店に配分されることがある。そのような場合には調整が必要になる。いずれせよ，チーフがいれば随分助かるが，現在ではスーパーバイザーがそうした仕事をしている。これらに関しては店長よりスーパーバイザーの方で仕事が増えているかもしれない。

　また，以前はチラシの全商品に対して販売目標があったが，今では日替商品や重点商品にだけ販売目標があり，他は各店に任せる形になっている。販売計画も特定の商品に集中して立てる形に変わってきている。チーフの削減はここにも影響を与えている。ただし，季節商品や，定番の商品でも月間の取り組みのあるものについては，スーパーバイザーが販売計画をたて，各店への配分や調整を行っているので，店長の負担はそれほど大きくない。

（4）出身以外の部門について

　店長は出身以外の部門管理に難しさがあることを認める。とはいえ，店長の経験が長くなるにつれて，次第に対応できるようになるという。

　鮮魚出身の店長は，生鮮部門は鮮度の重要性――日付の管理，鮮度劣化の見極め――が共通しており，青果・畜産・惣菜に関して特に問題はない，と言う。この店長にとって問題なのは，むしろ加工食品や住居である。加工食品の場合は管理が月単位なので，安易に放置してしまうところがあり，住居

に関しては商品自体の知識をつける必要がある。

　加工食品出身の店長も，住居に関しては分からないことが多く，用途等について専門的知識が必要なため，顧客からの問い合わせにうまく答えられないことがある，と言う。とはいえ，分からないことは当該部門のトレーナーに問い合わせることができるし，店長を長年やっていると次第に身についてくるものだという。この店長の場合，問題はやはり生鮮部門にある。この点について，この店長は生鮮部門の専門的な知識が十分とはいえないことを認めつつも，販売のポイントは押さえるようにしているという。それは，鮮度が重要だということであり，パートが主に主婦だというところに目をつけて，パート自身が顧客の立場で買うかどうかを判断基準にチェックさせ，買う気にならないものは売場から撤去させている。畜産については，これまでの経験から，寒いときには何の肉が売れるか，それに合う鍋の具材の組み合わせはどのようなものかは分かるようになったという。

5　店長に求められる能力

　これまで見てきた店長の仕事から，店長には次のような能力が求められていることが分かる。すなわち，常に問題意識を持ち，必要な情報を集め，分析し，解決して店舗管理に活かす能力，部下についても同様に育てる能力，上司に対して積極的かつ具体的に提案する能力である。また，複数の部門・事項をバランスよく観察し，調整する能力や，パート等との円滑な人間関係を形成する対人能力も必要である。

　フルタイム人員の削減とパート化の進行によって，店長に求められることは多くなった。店長は出身以外の部門の商品についてもある程度の知識を求められるようになり，チーフのいない部門では，当該部門の管理を直接行うようになった。店長に求められる仕事と能力の増大に対して，能力形成のプ

第 4 章　店長による店舗管理

ロセス――キャリア――がどう応えてきたのか，これは第 7 章で問われることになる。

(1)　ある本社スタッフによれば，店長の選任如何によって，店舗の売上高が上下 5 ％程度変動することがあるという。
(2)　商業界［2000］15 頁。
(3)　この点に関しては本田［2002］74 頁，101 頁以下，120 頁以下，を参照。
(4)　この分類と概略は，商業界［2000］12 頁以下を参照。
(5)　そのため，部門管理の手法に関して，店長用のテキスト（商業界［2000］）とチーフ用のテキスト（商業界［2001］）の内容はほぼ同じである。
(6)　以下は，商業界［2000］56 頁以下を参照。
(7)　以下は，商業界［2000］62 頁以下を参照。
(8)　原価 300 円，売価 435 円の商品が 35 個ある場合，完売すれば荒利益率は 31％であるが，10 個廃棄すると荒利益率は 3.4％にまで低下する。それに対して，10 個を 50 円引きで売った場合，荒利益率は 29％の低下にとどまる（商業界［2000］65 頁）。
(9)　ただし，後で見るように，店長は定められた数のチーフをどの部門に置くのかについて，ある程度，選択することができる。
(10)　商業界［2000］98 頁以下を参照。
(11)　以下は，商業界［2000］28 頁以下を参照。
(12)　鮮魚部門のフルタイム人員はチーフ 1 人であり，畜産部門はトレーナーである。
(13)　第 7 章 2 を参照。
(14)　ただし，チーフの配置如何にかかわらず，部門別のキャリア編成が店長の管理能力に不利に作用するという指摘もある。本田［2002］127 頁。
(15)　われわれがインタビューした 2 人の店長の出身部門とその店舗は，以下の通りである。第 1 の店長は鮮魚出身であり，フルタイム人員は，チーフが鮮魚と惣菜に各 1，トレーナーが畜産と日配に各 1 である。第 2 の店長は加工食品出身で，フルタイム人員は，チーフが鮮魚と畜産に各 1，トレーナーが鮮魚，青果，日配，惣菜に各 1 である。両店は，売場面積が 1000 ㎡以上 3000 ㎡未満の中型店に属すが，その中では比較的小規模である。

第5章
人事異動

この章では，A社の人事異動を，店長の異動を中心に検討する。以下では，人事異動が職位や時期の点でどのように構成されているのかを見た後，人事異動が上部管理者によってどのように計画され，どのような異動の連鎖——人事の玉突き——を生み出すのか論述する。最後に，短期間で異動する店長が多くなっており，店長による店舗管理が以前より難しくなっていることを述べる。

1　人事異動の種類

（1）職位との関係

　人事異動は，職位との関係で，同職位の異動と職位間の異動に分かれる。これらにはそれぞれ，水平的な異動だけの場合と，それにプラスして昇進等の垂直的異動を伴う場合がある。

　同職位の異動とは，店長やチーフの担当店が変わる場合や，スーパーバイザー，バイヤーの担当エリアが変わる場合であり，いずれも担当する場所の変更を伴う。これらは基本的に水平的異動であるが，垂直的異動を伴う場合がある。第3章で述べたように，店長は，店舗の規模と規模ごとの営業収益予算に従って複数のグレードに分類されているため，大型店に異動すれば，昇進となる。チーフも同様である。スーパーバイザー，バイヤーに関しては，既存の組織（エリア等）の間を移る場合と，組織（エリア領域）の変更によって所属が変わる場合の2つがある。

　職位間の異動では，通常，仕事の種類が変わる。例えばチーフから店長へ，スーパーバイザーからバイヤーへといった異動である。ただし，チーフからトレーナーへの異動のように，仕事の種類があまり変わらないものもある。職位間の異動は，チーフから店長へというように，垂直的異動を伴うことがしばしばある。

第5章　人事異動

図表5-1　店長の異動元・異動先の割合

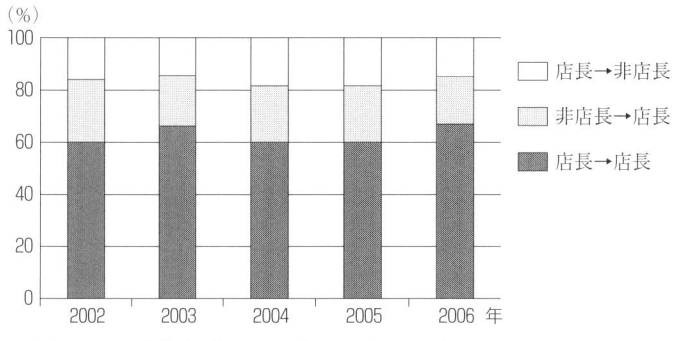

□ 店長→非店長
▨ 非店長→店長
▩ 店長→店長

人事データより作成（以下，図表5-5まで同じ）。

図表5-2　SVの異動元・異動先の割合

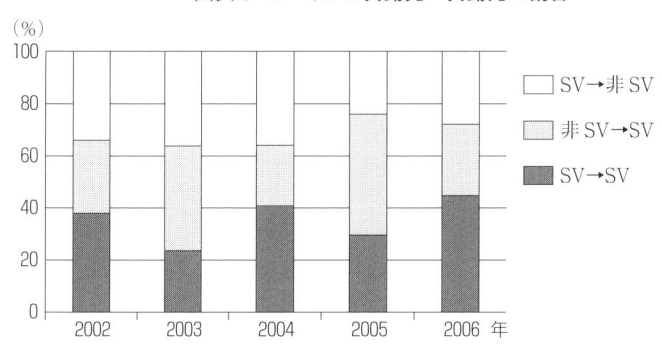

□ SV→非SV
▨ 非SV→SV
▩ SV→SV

図表5-3　バイヤーの異動元・異動先の割合

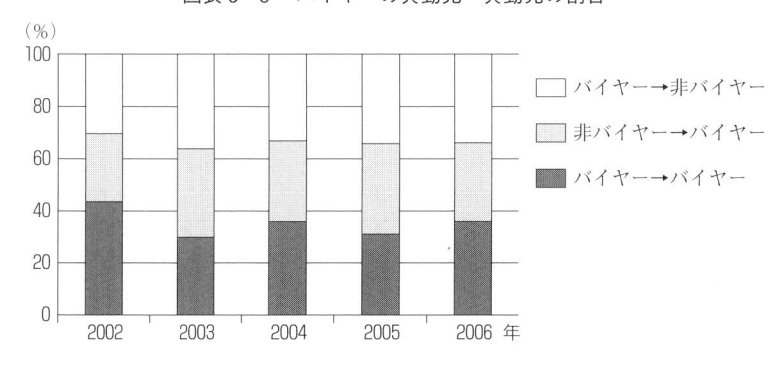

□ バイヤー→非バイヤー
▨ 非バイヤー→バイヤー
▩ バイヤー→バイヤー

同職位の異動と職位間の異動のどちらが多いかは，職位によって異なる。店長はスーパーバイザー，バイヤーに比べると，同職位の異動が多い。**図表5-1**は，最近5年間の店長に関わる異動を，「店長から店長へ」，「非店長から店長へ」，「店長から非店長へ」の3種類に分類し，その割合を示したものである。「店長から店長へ」が同職位の異動であり，「非店長から店長へ」と「店長から非店長へ」が職位間の異動である。**図表5-2**，**図表5-3**は，スーパーバイザー，バイヤーについて，同じ割合を求めたものである。店長の場合，同職位の異動が6割強を占めるが，スーパーバイザー，バイヤーでは3割前後にとどまる。

　職位間の異動の内訳は次のようである。店長の場合，異動元として最も多いのは副店長であり，これにスーパーバイザー，マネージャー，エリアマネージャー，バイヤーが続いている（エリアマネージャーとバイヤーは同数）。異動先として最も多いのはマネージャーであり，これにチーフ等[4]，エリアマネージャー，スーパーバイザーが続いている。スーパーバイザーとバイヤーの場合，異動元として最も多いのはチーフ等であり，これにバイヤー・スーパーバイザーが続いている。異動先として多いのはチーフ等，バイヤー・スーパーバイザー，店長である。これらの異動は垂直的異動を伴う場合が多いが，水平的な異動に近い場合もある。エリアマネージャーと店長，スーパーバイザーとチーフは，それぞれ管理者と被管理者の関係にあるが，エリアマネージャーと大型店の店長，スーパーバイザーと大型店のチーフであれば，給与の差はそれほどない。

（2）異動の時期

　人事異動には，特定の月に行われる異動（定期異動）と，それ以外の時期に行われる異動がある。**図表5-4**に示すように，店長に関わる人事異動の半分以上は特定の月に行われる。また，スーパーバイザーとバイヤーに関わる人事異動の6割から8割は同じ特定の月に行われる。しかも異動は特定の1

第5章　人事異動

図表 5-4　特定月の異動が占める割合

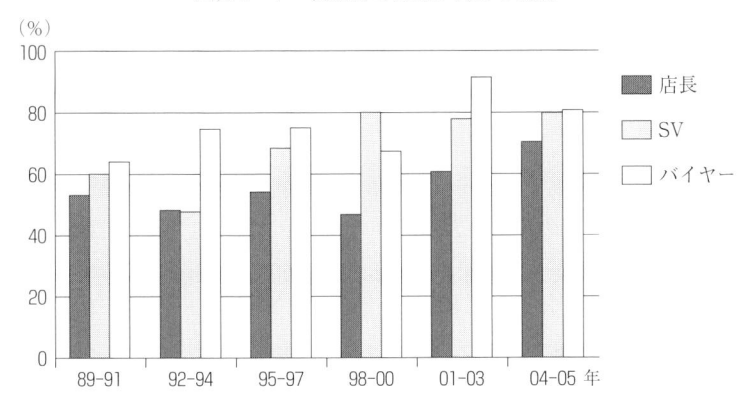

図表 5-5　特定日の異動が占める割合

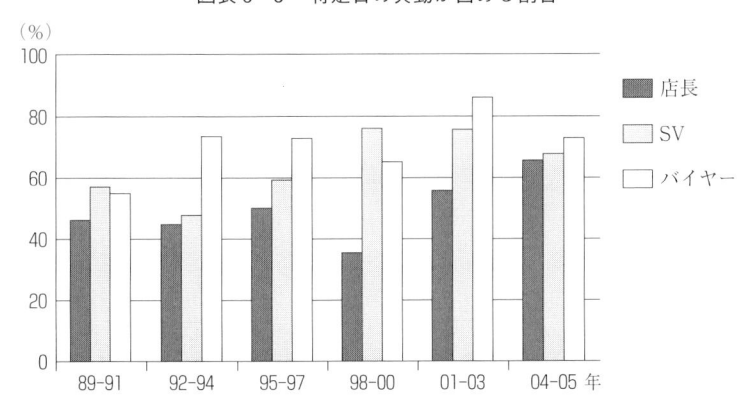

日に集中する。図表 5-5 に示すように，店長に関わる人事異動のほぼ半分，スーパーバイザーとバイヤーに関わる人事異動の 6 割から 7 割が特定の日に行われる。この日はもともと全職位に共通していたが，比較的最近，2 つに分けられた。まず，エリアマネージャー等の上級管理層と店長の異動があり，その数日後にスーパーバイザー，バイヤー，チーフ等が異動する[5]。これは，人事は上から決めるという原則に基づいているが，管理上の配慮もある。す

なわち，全階層が一斉に異動するよりも，異動をずらした方が管理上の空白が発生しにくく，新たな上司の下で引き継ぎを行った方が確実だという配慮である。

(3) 新店・廃店の異動

　スーパーマーケット業界が一般にそうであるように，Ａ社においても店舗の新設，廃止は毎年行われ，そこから人事異動が発生する。新店・廃店に伴う異動は，開店・閉店の時期によって，定期異動時に行われることもあるし，それとは別な時期に行われることもある。廃店の場合は，閉店の時期と店長の異動時期がほぼ一致するため，閉店が定期異動の時期であれば，店長の異動も定期異動時に行われる。それに対して，新店の場合，店長は開店の数ヶ月前に任命されるため，定期異動の数ヶ月後に開店する新店の店長が，定期異動時に異動することになる。

2　人事異動のメカニズム

(1) 店長の異動

　店長と上級のスーパーバイザー，バイヤーの異動は社長決裁であり，人事部門責任者が異動案を策定し，１店ずつ社長と折衝する。異動案を策定するさいの基礎資料となるのは，担当店の営業成績，エリアマネージャーによる評価書，店長の自己申告書である。エリアマネージャーの評価書には各店長のステップアップが必要かどうかが記されており，自己申告書には，単身赴任歴の長さ，家庭の事情，自宅通勤の希望等が書かれている。

　異動案は次のように策定される。店長は，在任期間が２年になれば，異動させるという原則がある。２年を超えると，惰性に流され，マンネリ化するためである[6]。ただし，売上が特に伸びている場合や，新年度の早い時期に改

装を提案している場合は，異動させないことがある。そのため，人事部門責任者はまず，在任期間が2年以上の店長について，売上高等の営業成績をチェックし，店を変えるかどうかを決める。逆に売上が落ちている場合は，どこかに問題があるので，2年以内であっても異動させる。また，近い将来，競合店が出る予定の店舗は，今の店長で行くかどうかを考え，変えた方がよいと判断すれば，やはり異動させる。異動させる場合には，自己申告書の内容も考慮して，その店長に合った店舗の店長候補リストに入れる。ステップアップが期待できる場合には，売上高がこれまでよりも少し多い店へ動かす。この作業は店長一人一人の顔を思い浮かべながら行う。

　店長と店舗には相性がある。店長には資質や性格の面でさまざまなタイプがあり，それが店舗の特徴や置かれた状況に合致すれば，営業成績が向上する。例えば，自分の経験則を部下に伝えることができ，人を使うのがうまい店長は大型店に向いている。逆に，あまり好ましいことではないが，人を使うよりは，自分自身が作業する方が好きな店長は小型店向きである。店長の性格と店舗の置かれた状況が合致しているかどうかも重要である。店長には，攻めに強いタイプと守りに強いタイプがいる。競合店がある場合，前者は，荒利益を犠牲にしても値引きをして，競合店に負けない価格政策で売っていく。後者は，逆に廃棄ロスを出さないように売り切って，荒利益を維持しようとする。どちらが良いかは店舗の置かれた状況次第である。競合店に対しては，攻めた方が良い場合と，守った方が良い場合がある。競合店がなく，ベテランのしっかりしたパートがいる店舗の場合は，店長はあまり出過ぎない方がよい。こういう店は売上の変動が小さく，店長が何かすることによって，パート間の人間関係を悪化させてしまうことがある。初めて店長を経験する者は，競合店があるような難しい店には配置しない。

（2）スーパーバイザー，バイヤー，チーフ等の異動

　スーパーバイザー，バイヤー，チーフ等の異動は人事部門責任者の決裁事

項であり，人事部門のスタッフが異動案を策定する。異動案の策定にさいして，担当者はそれぞれの上司の要望を聞く。上級バイヤーに関しては営業部門責任者に，バイヤーに関しては上級バイヤーに問い合わせる。スーパーバイザーも同様である。それに対して，チーフに関しては，直属上司である店長の意見を聞くことはせず，主に上級スーパーバイザーの意見を参考にする。店長が優秀なチーフを手元に置きたがるためである。そのため，チーフを代えてほしいという店長の意向は，上級スーパーバイザーから伝わってくる。チーフの異動は，競合等の店舗の置かれた状況，当人のステップアップを考慮して決めていく。

3　人事異動の連鎖

　人事異動は，いわゆる人事の玉突きという異動の連鎖を生み出す。実際に異動案を策定する本社スタッフによれば，これは，軽重はあるにせよ，それぞれ理由のある異動の結果として生じるものであり，意図的に作ろうとしたものではない。ただし，玉突きと関わって，人事異動には幾つかの原則がある。良くないのは，ランクが異なるA店とB店の店長を直接入れ替える場合である。また，以前の店に戻すのも問題がある。ただし，チーフから店長になって以前の店に戻るのは問題ない。

(1) 定期異動
　以下では，最近のある年の定期異動を例に，実際の異動の連鎖を紹介する。店長が関わる異動の連鎖は15ある。最も長い連鎖は20の異動からなり，最も短い連鎖は1つの異動――廃店の店長の本社マネージャーへの異動――だけでなりたっている。1連鎖あたりの平均異動件数は5.6件である[7]。
　異動の連鎖は，1つの環のようにつながる循環型と，環が閉じずに終わる

図表5-6　循環型の人事異動の連鎖1

配属	人員	面積	職位	月数
A1店	2	500	店長	11
↓				
A2店	3	1,000	店長	26
↓				
A3店	3	500	店長	11
↓				
A4店	2	500	店長	11
↓				
A5店	2	500	店長	23
↓				
A1店	2	500	店長	

A社資料、人事データより作成(以下、図表5-10まで同じ)。

図表5-7　循環型の人事異動の連鎖2

配属	人員	面積	職位	月数
エリアB1	—	—	AMr	11
↓				
B1店	45	7,000	店長	24
↓				
エリアB2	—	—	AMr	11
↓				
エリアB3	—	—	AMr	11
↓				
B2店	72	11,000	店長	24
↓				
エリアB1	—	—	AMr	

非循環型の2種類に分かれる。

　図表5-6と図表5-7は循環型の例である。まず、図表の見方を説明すると、次のようになる。「配属」とは配属されていた場所——店舗、エリア、本社——であり、「人員」は当該店舗の店長を含むフルタイム人員である。「面積」が500とは、売場面積が1000㎡未満であることを、1,000とは1000㎡以上2000㎡未満であることを示している。「職位」は異動前の職位であり、「月数」は異動前の職位にあった月数を満で示している。[8] 図表5-6を例に挙げれば、データ1行目と2行目は、A1店(フルタイム人員2名、売場面積1000㎡未満)の店

81

長が11ヶ月間の在任後に，Ａ２店（フルタイム人員３名，売場面積1000㎡以上2000㎡未満）の店長に異動したことを示している。

　図表5-6の連鎖は小型店店長の間の５つの異動で構成されている。図表5-7はエリアマネージャーと大型店店長の間の５つの異動で構成されている。循環型の場合，異動の始まりと終わりは本来なく，図表の先頭・末尾は便宜的に決められている。

　図表5-8と図表5-9は非循環型の例である。図表5-8の連鎖は，エリアマネージャー，店長，本社マネージャーの間の10の異動で構成されている。図表5-9の連鎖は，副店長，店長，本社マネージャーの間の７つの異動で構成されている。非循環型では，連鎖は転出者の補充がない異動で始まり，前任者のいない異動で終わる。連鎖の先頭を見ると，図表5-8の場合，エリアＣ１は組織変更により廃止されたため，エリアマネージャーの補充はない。図表5-9の場合も，副店長は店長養成のための経過的職位であるため，補充はない。連鎖の最後となる本社マネージャーは，図表5-7，図表5-8とも前任者がおらず，純増である。

　具体例を見てまず気づくことは，１年以内で異動する店長がかなりいることである。図表5-6では５人の店長のうち３人，図表5-8では９人の店長のうち７人が１年以内で異動している。ただし，図表5-7の２人の店長は24ヶ月で異動しており，図表5-9の６人の店長は，１人を除いて，ほぼ２年以上経ってから異動している。

　短期間で異動した店長に営業成績等で問題があったのかどうかは，これらの図表では分からない。図表5-6の３人に関しては，店舗の規模がほとんど変わらないので，通常の異動が短期化した結果のようにも見える。図表5-8の７人については，規模の違いが判然としないケースが多いが，Ｃ４店からＣ５店への異動は，より小型の店舗への異動と見て間違いないであろう。しかし，逆に，短期間の異動であっても，より大型の店舗へ異動したと思われるものが２つあり（Ｃ１店→Ｃ２店，Ｃ７店→Ｃ８店），ほぼ２年で異動した店長

第5章　人事異動

図表5-8　非循環型の人事異動の連鎖1

配属	人員	面積	職位	月数
エリアC1	—	—	AMr	11
C1店	15	7,000	店長	11
C2店	37	8,000	店長	20
C3店	34	7,000	店長	11
C4店	43	8,000	店長	5
C5店	15	4,000	店長	11
C6店	11	2,000	店長	23
C7店	6	500	店長	11
C8店	15	1,000	店長	11
C9店	12	2,000	店長	11
本社	—	—	Mr	

図表5-9　非循環型の人事異動の連鎖2

配属	人員	面積	職位	月数
D1店	12	2,000	副店長	5
D2店	12	4,000	店長	24
D3店	45	8,000	店長	22
D4店	16	4,000	店長	23
D5店	14	2,000	店長	23
D6店	12	3,000	店長	6
D7店	18	7,000	店長	36
本社	—	—	Mr	

にも，より小型の店舗へ異動したケース（C6店→C7店）がある。図表5-9の1人（D6店→D7店）は，短期間でかつ，より大型の店舗への異動であろう。他方で，ここにもほぼ2年後に以前より小型の店舗へ異動したケース（D3店→D4店）がある。店長の異動にはさまざまな考慮が働いているはずであり，短期間の異動であってもステップアップに類するものがあり，2年後の異動であっても，その逆のケースがあると考えてよいのであろう。

　初めて店長を経験する者に対する配慮は，店舗の規模に表れている。この年の定期異動で初めて店長になったのは9人だが，そのうち5人は，フルタイム人員が5人以内の小型店に配置された。残りは，10人の店舗に3人，12人の店舗に1人である。売場面積でいえば，1000㎡未満に5人，1000㎡以上2000㎡未満に2人，2000㎡以上3000㎡未満に1人，4000㎡以上5000㎡未満に1人である。図表5-9のD2店は，人員，売場面積のいずれの点でも最大であり，例外的な事例である。

（2）新店・廃店の異動

　A社では最近数年間に23店舗が新設され，17店舗が廃止された。これに伴い，店長に関しては34の異動の連鎖，98件の異動が発生した[9]。事の性質上，すべて非循環型であり，新店だけに関わる連鎖が17，廃店だけに関わる連鎖が11，新店と廃店にともに関わる連鎖が6である。

　新店に関わる連鎖は店長の異動で終わり，廃店に関わる連鎖は店長の異動で始まる。新店と廃店にともに関わる連鎖は，店長の異動で始まり，店長の異動で終わる。

　店長への異動元として最も多いのが副店長であるため，新店の連鎖は副店長から他店の店長への異動で始まる場合が多い。新店だけに関わる17の連鎖のうち，14は副店長から店長への異動で始まっている。これら14人の副店長のうち，9人は定期異動時に副店長に任命され，数ヶ月後に店長へと異動する。定期異動の時点でその年の出店計画がすでに決まっており，それを計算

に入れて，副店長人事が行われているのであろう。

　新店・廃店に関わる異動の連鎖は，定期異動時に行われるものを除き，概して短い。定期異動時は8連鎖，36件であり，1連鎖当たりの平均異動件数は4.5件である。それ以外の異動は26連鎖，62件，平均2.4件である。

　新店・廃店に伴う人事異動については，これに働く力の向きから玉突き型の異動を説明しようとする考え方がある。平野［2006］は日本の総合スーパー2社を例に挙げ，店舗網を拡大するX社の場合は，新店への要員配置に伴うプル型異動が，店舗閉鎖が相次ぐY社の場合は，廃店に伴うプッシュ型異動が玉突き型の異動を生み出すと述べている。こうした説明は頭に入りやすいが，A社の事例を見る限り，以下の疑問を抱かざるをえない。

　第1に，A社では新店と廃店はそれぞれかなりあるが，結果は6店舗＝6店長ポストの微増である。一般化すれば，次のようになる。すなわち，人事異動をプル型，プッシュ型のどちらかで説明できるほど，ポストが純増ないし純減している企業は少ないのではないか，ほとんどの企業では新設と廃止が相殺され，少数の純増ないし純減にとどまるのではないか。しかも，新設と廃止は一部で直接組み合わさっている。廃店から新店へという6つの連鎖がそれである。

　第2に，新店・廃店に絡む異動は，それほど多くはない。A社の場合，店長に関わる異動のなかで，その連鎖のなかに新店・廃店を含む異動は3割弱にとどまる。他の7割強の異動は，その連鎖のなかに新店・廃店を含んでいない。

　第3に，新店・廃店を含む異動の連鎖には，必ずしもプルないしプッシュの結果と言い切れない異動が含まれている。**図表5-10**はその一例である。これは，廃店で始まり，新店で終わる4つの異動で構成されている。これらのうち，はっきりとプルないしプッシュの結果と言えるのは，E1店→E2店とE4店→E5店だけである。それ以外のE2店→E3店とE3店→E4店には，プルとプッシュの力がいずれも働いているように見える。

図表5-10　新店・廃店にともなう人事異動の連鎖

配属	人員	面積	職位	月数
(廃)E1店	3	500	店長	11
↓				
E2店	4	500	店長	11
↓				
E3店	4	500	店長	31
↓				
E4店	7	3,000	店長	23
↓				
(新)E5店	11	2,000	店長	

4　人事異動と店舗管理

　人事異動の具体例で目立ったのは，短期間で異動する店長が多かったことである。以下では，主要職位に関して，異動の頻度と間隔がどの程度であるのか，以前に比べてどのような変化が見られるのか，そのことが店長の店舗管理にどのような影響を与えているのか，分析する。また，他の事例との比較を行う。

(1) 人事異動の頻度と間隔

　主要職位の異動頻度は，以前に比べると，かなり高くなっている。図表5-11は，店長，スーパーバイザー，バイヤーについて，各年の1月1日在任者のうち，年末までに異動した者（年内異動者）の割合がどれほどであるのかを示している。店長の場合，その割合は1990年代の後半まで4割前後にとどまっていたが，1990年代の末以降，6割強に高まる[15]。スーパーバイザーとバイヤーも同様であり，その割合は，スーパーバイザーで3-4割から7-8割へ，バイヤーで2割から4割へと，いずれも上昇している。

　異動頻度の上昇に対応して，主要職位の異動間隔——在任期間——は短期

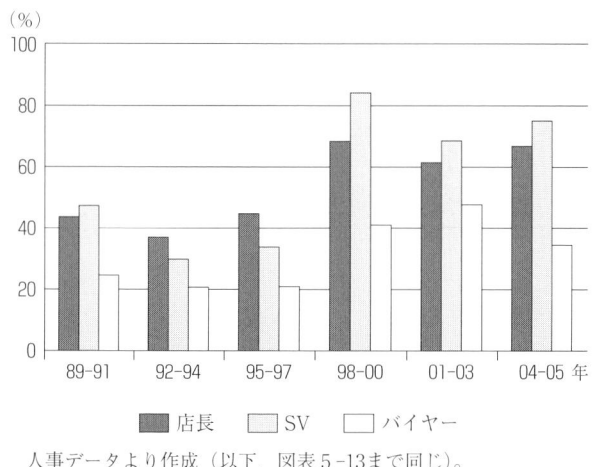

図表 5-11　年内異動者の割合

図中凡例：■店長　□SV　□バイヤー

人事データより作成（以下，図表 5-13 まで同じ）。

化している。図表 5-12 と図表 5-13 はそれぞれ，前期（1989～1996年）と後期（1997～2004年）に任命された者の次期異動までの月数の分布を示している。後期から2005年以後の任命を除いているのは，人事データが終了する2006年4月時点で在任中の事例が多いためである。店長の場合，12ヶ月以内に異動するのは，前期は2割半にとどまったが，後期は5割強になる。バイヤーも同様である。よりはなはだしいのはスーパーバイザーであり，12ヶ月以内に異動するのが3割弱から7割半に増加している。これらのうち特に店長については，早く結果を出すことを求める戦略的な意図がある。

ただし，スーパーバイザーとバイヤーの場合，異動間隔の短期化は実際より強く表れている可能性がある。これらの職位については，エリアや本社組織に変更があると，実際の持ち場が変わらなくても，人事データ上は異動となるからである。とはいえ，個々の異動内容を見ると，少なくともスーパーバイザーについては短期の在任事例が増えていることを確認できる。前期と後期を比較して目立つのは，店長，スーパーバイザー，バイヤーのいずれに関しても，7ヶ月以上12ヶ月以内の割合が増えていることである。スーパー

図表5-12　主要職位の在任月数別分布―1989〜1996年―

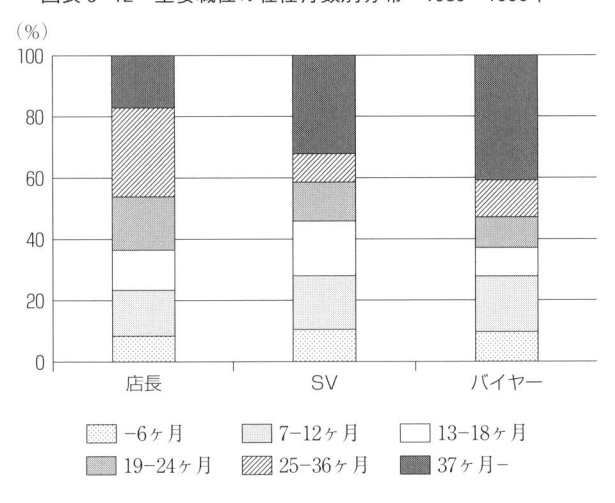

図表5-13　主要職位の在任月数別分布―1997〜2004年―

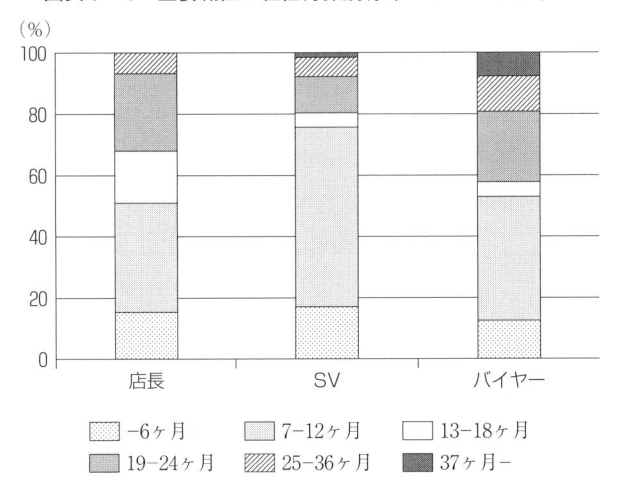

バイザーの場合，その割合は18％から59％に上昇している。後期のこの区分の事例を精査すると，4件に3件は実質的な異動であることが分かる[19]。これだけに限定しても，後期の7ヶ月以上12ヶ月以内の割合は45％であり，前期よりかなり高い[20]。

（2）店舗管理への影響

　異動間隔の短期化は店長の店舗管理を難しくする。店長自身は次のように言う。

　　店舗内だけでなく，地域の行事もあるので，店舗外の地域の人々との関係も大事である。本音を言えば，3年ぐらい1つの店にいたいと思う。店舗のレベルを引上げる戦略的なことをしようとすると，まず1年いたうえで，2年間は必要である。店舗人員の人となりを知るためにも，それなりの期間が必要である。生鮮部門は特に帽子とマスクをしているため，分かりにくい。1年で代えられるのは，いろいろな面で厳しい。

　店長を管理する本社スタッフも，異動間隔の短期化にやむを得ない面がある一方で，問題があることも指摘する。

　　以前は，店長の1年目は準備期間で，同じ店に2年いるのが普通と考えられていた。現在では早く結果を出すことを求められており，1年ほどで異動することが多くなっている。定期異動では，どの店を誰にやってもらうかが真っ先に問題になる。過去1年で改善の芽が出ているかどうかが問われ，競合に負けそうな店をたて直すことが求められる。異動の頻繁化にはメリットもデメリットもある。店を立て直すには店長を変えるのが一番であり，チームワークの乱れを直すのも店長次第である。他方，店舗運営では人間関係が大事であり，チームワークができてきた矢先に異動するこ

とは，できれば避けたい。

　こうした考慮からであろうか，現在では店長の異動間隔を2年ないし3年に延ばす取り組みが進行している。

（3）他の事例との比較

　先行研究が示す人事異動の間隔は，最近のA社より概して長いが，時期を合わせれば，大きな違いはない。特に違いが目立つのは，1990年代に行われた企業アンケートで，回答企業が世代ごとに望ましいとした配置転換の間隔である。その回答で最も多かったのは，20代が3年に1回，30代と40代が5年に1回である[21]。ただし，これらはあくまでも望ましい間隔であり，実際の異動間隔を求めた別の調査では，管理職の異動間隔は2年強（一部は2年弱）である[22]。特にスーパーマーケットを扱った研究では，企業ごとのばらつきがあるが，異動間隔は最短で0.5～1.5年，最長で3～4年である（職位は不明）[23]。ただし，いずれもかなり以前の状況であり，A社の前期（1989～1996年）と比較すれば，大きな違いはない。

　より重要なのは，最近の同業他社との比較である。これを見る限り，A社の異動頻度は特に高いわけではない。スーパーマーケット業界，さらには小売業全般で異動頻度が高まっている可能性がある。

　比較のための資料は，企業のホームページ上に掲載された人事情報である。ある程度以上の規模のスーパーマーケットでは，2005年頃から主要職位の人事情報——異動時期，氏名，新職，旧職——がホームページ上に掲載されるようになった。これをデータベース化すれば，同業他社との比較が可能となる。そこで，データの取得が比較的容易な2社（B社とC社）を選び，店長に関わる人事情報をデータベース化した。また，A社についても，同時期のデータを得るために，同様の作業を行った。ただし，得られた資料には限界がある。第1に，人事情報の掲載期間が短いため，データ終了時点で在任

中の事例が多く，異動間隔の比較はできない。比較の対象は異動頻度（年内異動者の割合）に限られる。第2に，異動の頻度であれ間隔であれ，分析を行うためには，ある個人の「A1職→A2職」と「A2職→A3職」のように，最低2つの連続した人事情報が必要であるが，単独の人事情報にとどまるものが多く，異動の把握率はあまり高くない[24]。店舗数をもとに把握率を推計すると，A社は約7割，他の2社は約4割である。なお，企業によって人事情報を公表し始めた時期が異なるため，対象とする期間は，A社とB社は2006～2008年，C社は2007～2009年である。

3社の店長の異動頻度を比較すると，A社の値はB社とC社の中間に位置している。年内異動者の割合は，A社が63％，B社が60％，C社が68％である。店長が短期間で異動するのは，最近のスーパーマーケットではかなり一般的な現象なのであろう。

(1) 担当する商品部門の変更は例外的である。第6章で述べるように，A社正社員のキャリアは部門別に組まれている。
(2) 厳密には，上記2種類の異動以外に，職位は変わるが，仕事の種類や担当する場所は変わらない異動がある。スーパーバイザー・上級スーパーバイザー間，バイヤー・上級バイヤー間の異動のうち，担当する場所が変わらない場合がそれである。しかし，本書はスーパーバイザー，バイヤーの職位をそれぞれ一括し，店長と同様，それらの異動を同職位の異動として扱っているため，この種の異動は度外視した。
(3) 2006年は4月までのデータである。
(4) トレーナーを含む。以下同じ。
(5) 年によっては，まず店長，スーパーバイザー，バイヤーが異動し，その数日後にチーフ等が異動している。
(6) かつて行われた企業アンケート調査でも，配置転換の候補者を選定するさいの基準で最も多いのは「現在の仕事の配属期間」である。日本労働研究機構［1993a］41頁。
(7) 平均異動件数を計算するさい，異動は店長が直接関わるものに限定した。そのため，例えば図表5-7のエリアB2・エリアマネージャー→エリアB3・エリアマネージャーの異動は計算に含めていない。
(8) そのため，前年の異動が4月5日で今年の異動が4月1日の場合，在任期間はほぼ12ヶ月であるが，図表では11ヶ月と表示される。

（9） 異動件数は，店長が直接関わるものに限定した。
（10） 先に見た定期異動で，最も短い連鎖は廃店の店長の本社マネージャーへの異動であるが，これは例外である。
（11） 平野［2006］100頁以下。
（12） その内訳は，廃店から新店に直接異動するのが 3 連鎖，途中に別の 1 店を挟むのが 1 連鎖， 3 店挟むのが 1 連鎖， 6 店挟むのが 1 連鎖である。
（13） 第 2 点に関しては，検討対象を新店・廃店の絡む異動に限定せず，非循環型の異動全体に広げるべきかもしれない。そうすれば，対象となる異動の数は多くなる。ただし，そうしても，第 3 点で指摘したように，プルないしプッシュの結果と言い切れない異動がほとんどである。
（14） 異動は退職を含み，複数の職務を兼任する者の異動は一度だけカウントしている。
（15） 店長で年内異動者の割合が最も高いのは1998〜2000年であるが，この時期には実質的な異動を伴わない現職務への辞令が多く出されている。それらを除くと，この時期の割合は2001〜2003年とほぼ等しくなる。
（16） 異動は退職を含み，複数の職務を兼任する者の異動はそれぞれカウントしている。
（17） こういう事例は，次期異動が不明の事例とともに，2004年以前のデータにも若干含まれており，比較の対象から除いている。
（18） 店長に関しては，注（15）で指摘したように，1998〜2000年に実質的な異動を伴わない現職務への辞令が多く出されているが，後期全体で見ればわずかであり，異動間隔への影響はほとんどない。
（19） 実質的な異動はほぼ次の 3 種類で構成される。（　）内は 7 ヶ月以上12ヶ月以内の異動に占める割合である。1）本社内でのバイヤー等への職位転換（19%），2）スーパーバイザーとしての担当地域の異動（23%），3）店舗（店長，マネージャー，チーフ等）への異動（33%）。
（20） バイヤーの場合， 7 ヶ月以上12ヶ月以内の割合がさほど上昇しておらず（18%→41%），後期のこの区分で実質的な異動と確認できる事例がほぼ半分であるため，これだけに限定すると，後期の 7 ヶ月以上12ヶ月以内の割合は20%にとどまり，前期とあまり変わらない。
（21） 日本労働研究機構［1993a］38頁以下。
（22） 日本生産性本部経営アカデミー［1992］43頁。
（23） 本田［2002］78頁。
（24） さらに言えば，実名入りの情報であるため，異動内容によって掲載されるかどうかに偏りが生じそうである。

第6章
正社員のキャリア分析

1　分析対象

　この章では，A社正社員を入社年ごとに複数の集団に分け，そのキャリアを分析する。そうするのは，キャリアの時期的な変化を見たいからである。これまでのキャリア研究の対象は，基本的にある時点の特定集団のキャリアだった。例えば，1980年入社組の2000年までのキャリアがどうだったかである。しかし，同じ企業であってもキャリアは変化しうる。ある世代で見られたことが，他の世代でも確認されるとは限らない。そうであれば，複数の時期を分析し，比較しなければならない。そこで本書は，1980年から1994年までに入社した正社員を5年ごとに3つの集団に分けて分析する。集団を比較するさいには，最後の集団に合わせて，対象とする時期を入社後10年までに限定する。ただし，最初の集団（1980-1984年入社組）に関しては，比較的長い期間の分析ができる。

　分析の対象となるのは，大卒の男性で，入社年の4月1日現在の年齢が22〜24歳，入社から10年以上勤続した正社員である[1]。高卒は，大卒に比べて人数が少なく，特に昇進に関して十分な観察期間が得られないため，対象から除外する。入社から10年以上勤続した者に対象を限定するのは，第1に，キャリア分析が企業への一定の定着を前提にしているからであり，第2に，そのことによってより以前の世代まで遡ることができるからである。本書が使用する人事データは1989年1月以降に在籍した者からなっており，それ以前の採用者は，1989年1月に在籍した場合に限り，このデータに含まれている。したがって，勤続期間に条件をつけないのであれば，退職者の影響が出ないように，分析対象は1989年1月以降の採用者に限定せざるをえない。10年以上勤続者に対象を絞れば，1989年1月の10年前まで分析対象を広げることができる。

分析対象者の数は，1980-1984年入社組が152人，1985-1989年入社組が154人，1990-1994年入社組が242人，計548人である。以下では1980-1984年入社組を第1期採用者，1985-1989年入社組を第2期採用者，1990-1994年入社組を第3期採用者と呼ぶことにする。

2　初任者教育と初任配属

（1）初任者教育
　採用者のほとんどは入社後にまず初任者教育を受ける。その割合は，第1期採用者と第2期採用者が9割強，第3期採用者は全員である。このように初任者教育の対象範囲は広がるが，教育期間は短期化している。それは1980年代半ばまで2ヶ月強（10〜12週）だったが，1980年代末から1ヶ月半程度（6〜8週）になる。
　初任者教育を受けない者が若干いるのは，入社の時期と関係がありそうである。採用者のほとんどは3月ないし4月に入社するが，初任者教育を受けない14人のうち9人は，それ以外の月に入社している[2]。初任者教育が基本的に定期採用者に対する集合教育として行われるためであろう。ただし，入社月が3月，4月でないと初任者教育を受けないというのは第1期採用者だけである。第2期採用者では，3月，4月以外に入社した者の一部が初任者教育を受けるようになり，第3期採用者では，3月，4月以外に入社した者を含む全員が初任者教育を受けるようになる。入社月にかかわらず，必ず初任者教育を行うという方針が確立されたのであろう[3]。

（2）初任配属
　新入社員は初任者教育後に――初任者教育を受けない者は採用後ただちに――いずれかのポストに配属される。以下ではそのポストを，職位，場所，

部門について論述する。

　新入社員が任命される職位は担当である。ただし，ごく稀にチーフ代行となる場合がある。

　新入社員は，店舗，本社，工場等のいずれかに配属される。ほとんどは店舗であり，本社，工場等は少ない。店舗配属者の割合は，いずれの時期でも9割を超えており，特段の変化は見られない。本社，工場等に配属されるのは，あわせて5％ほどである。ただし，本社配属者は次第に減少し，第3期採用者になるとほぼゼロとなる。他方，工場等に関しては増加傾向が見られる[4]。これらのうち前者に関しては，下で述べるA社の人事政策が反映している。後者については，鮮魚以外の食品加工作業が工場に集約化され，工場等が拡充されたためであろう[5]。

　店舗配属の新入社員は特定の大型店に集中する。その割合は次第に低下しているが，全期間で見ると，新入社員の7割が上位10店に配属される[6]。図表6-1は上位10店を示したものであるが，店舗の構成は3期間を通じてほぼ同じである。これらはいずれも大型店であり，全期間上位10店の1993年時点

図表6-1　初任配属店上位10店と配属人数

順位	全期間 店番号	全期間 人数	第1期 店番号	第1期 人数	第2期 店番号	第2期 人数	第3期 店番号	第3期 人数
1	001	88	002	19	001	25	001	47
2	002	57	001	16	002	19	003	27
3	003	52	006	13	003	16	002	19
4	004	32	004	12	005	10	008	19
5	005	28	005	12	006	9	004	13
6	006	28	007	11	013	8	010	7
7	007	21	009	10	004	7	015	7
8	008	19	011	9	007	6	005	6
9	009	17	003	9	014	6	006	6
10	010	16	012	8	011	4	009	6
計		358		119		110		157
割合(％)		70.6		83.8		78.6		69.8

人事データより作成。008店は1992年開店。

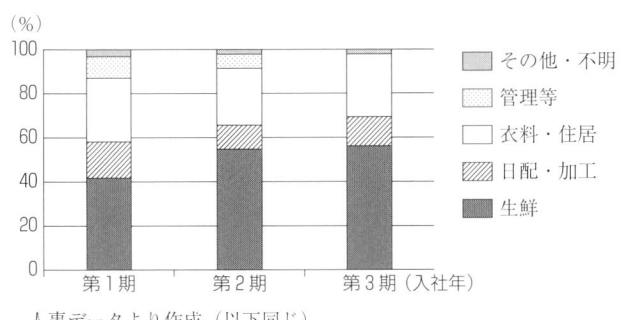

図表6-2　初任配属部門の割合

凡例：その他・不明／管理等／衣料・住居／日配・加工／生鮮

人事データより作成（以下同じ）。

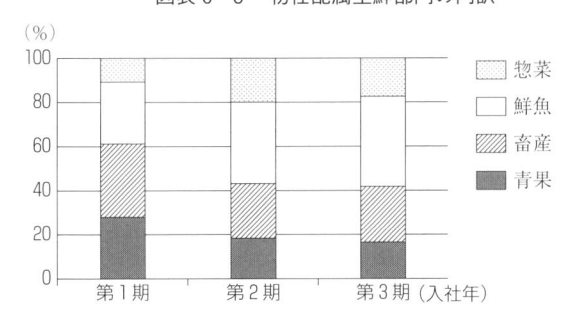

図表6-3　初任配属生鮮部門の内訳

凡例：惣菜／鮮魚／畜産／青果

での売場面積と人員（パート等を含む）は次のとおりである。売場面積は，5000㎡以上が3店，3000㎡以上5000㎡未満が3店，1000㎡以上3000㎡未満が4店である。人員は，200人以上が2店，100人以上200人未満が3店，50人以上100人未満が5店である。

　初任配属される部門については図表6-2に示している。最も多いのは生鮮部門であり，その割合は次第に高まっている。逆に管理部門等への配属者は，第1期採用者では1割ほどあったが，第3期採用者では0％になる。生鮮部門の内訳は，図表6-3に示すように，青果と畜産の割合が低下する一方，鮮魚と惣菜の割合が高まっている。

これまで見てきたことは，A社が意図的に行ってきたことである。新入社員のほとんどは養成人員として店舗に配属されるが，A社スタッフによれば，配属される店舗とは，教育に当たる管理層——チーフ，店長——が優秀であり，人員配置に余裕があって，教育に時間をさける店だという。こういう店舗はほぼ大型店となろう。
　部門配属についても同様である。A社スタッフによれば，1980年代には入社後すぐに本社の営業部門や管理部門に配属される者が何人かおり，初任配属部門についても本人の希望をかなり容れていたが，次第に本社以外の何らかの商品部門に配属先を限定するようになった。この流れはその後さらに強まり，最近ではほぼ全員が生鮮部門に配属されている[9]。

3　経験部門

　A社正社員が経験する商品部門は基本的に単一である。**図表6-4**はA社正社員の入社後10年間——10年次まで——に配属された商品部門数の割合を示している。管理部門は算定の対象外であり，0部門経験者とは初任配属以来ずっと管理部門等にいることを示している。いずれの時期においても単一部門経験者が8割以上を占めている。ただし，複数部門経験者が1割程度存在する。また，単一部門経験者に関しても，当該商品部門より管理部門等への配属期間が長い者が，ごく少数であるが存在する[10]。
　単一部門経験者の商品部門については，初任配属と同様の事が見られる。生鮮部門が半分程度を占め，その割合は次第に高まっている。生鮮部門の内訳では，青果と畜産の割合が低下する一方で，鮮魚と惣菜の割合が高まっている。
　複数部門経験者の経験部門を2部門経験者58人について見ると，**図表6-5**のようになる。主部門とは在任期間が長い部門を指している。主・副を度外

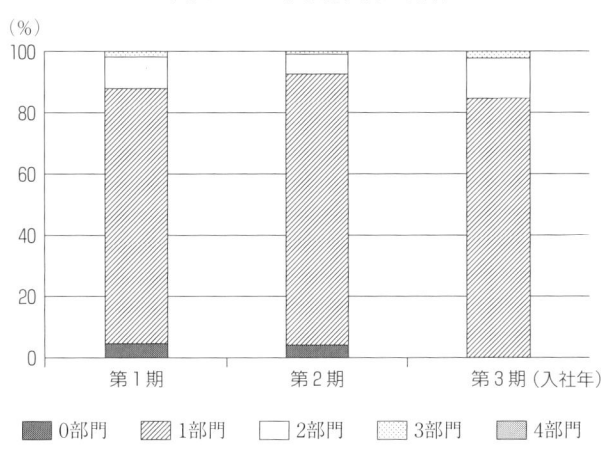

図表6-4　経験部門数の割合

■0部門　▨1部門　□2部門　▨3部門　▨4部門

図表6-5　2部門経験者の主部門と副部門　　　　　　　　　　　（人）

主部門	副部門								計
	青果	畜産	鮮魚	惣菜	日配	加工	衣料	住居	
青果	―	0	0	0	0	1	0	4	5
畜産	0	―	1	1	1	0	0	2	5
鮮魚	0	1	―	0	4	1	0	0	6
惣菜	1	0	1	―	0	1	0	2	5
日配	2	1	1	2	―	1	0	0	7
加工	0	2	1	1	0	―	1	1	6
衣料	0	0	1	0	2	2	―	8	13
住居	1	3	0	0	1	2	4	―	11
計	4	7	5	4	8	8	5	17	58

視した部門の組み合わせは28通りあるが，その中で多いのは衣料・住居の12人，青果・住居，畜産・住居，鮮魚・日配の各5人である。個々の部門で見ると，最大は住居であり（主部門が11人，副部門が17人），衣料がこれに次いでいる（主部門が13人，副部門が5人）。

　2部門経験者の部門間異動は1，2回に限られる。短期間で行き来する，い

わゆるローテーション的な異動ではない。これらの異動は，初任配属部門，主部門，副部門の組み合わせによって3つに分類することができる。第1は，初任配属部門（主部門）にしばらくいた後に副部門へ転換するタイプである（22人）[11]。第2は，やはり初任配属部門（主部門）にしばらくいた後，副部門に異動し，再び初任配属部門に戻るタイプである（11人）。第3は，初任配属部門（副部門）に短期間いた後，別な部門に異動し，これが主部門になるタイプである（23人[12]）。

3部門以上経験者については次のようである。3部門経験者は9人いるが，そのうち6人に住居の経験がある。これら6人が住居以外に経験した部門は，加工食品・衣料が2人，青果・鮮魚，鮮魚・日配，鮮魚・加工食品，畜産・衣料が各1人である。残りの3人はいずれも鮮魚と日配の経験があり，もう1つの部門は惣菜が2人，加工食品が1人である。4部門経験者2人はいずれも青果と加工食品の経験があり，残りの部門は畜産・惣菜，鮮魚・住居である。

4 昇　　進

(1) 分析方法

本書は昇進を職位で分析するが，そこには特有の難しさがある。第1に，職位の上下関係を確定する必要がある。職能資格の場合，資格等級の上下関係は明らかであり，残るのは数多くの資格等級を何段階にまとめるかだけだろう。それに対して職位の上下関係は必ずしも明らかではない。現在の職位に関してはグレードごとの給与の基準額によって上下関係を知ることができるが，過去も同様であったかどうかは不明である。現在では存在しない過去の職位については，その種の情報がそもそも存在しない。第2に，職能資格の場合，降格（降級）はあまり考えられないが，職位の場合，下位に異動し，

その後再び上位に異動することは，それほど珍しくない。例えば，店長からチーフへ，チーフからスーパーバイザー，バイヤーへと異動することである。このような上下動を含む異動履歴から，どのような上方異動を昇進として取り上げるかが問題となる。

　これらの問題を本書は次のように処理した。第1点に関しては，それぞれの職位の任命年次——任命されるのが入社後何年目であるか——を調べ，その分布が近いものを3つにまとめた。主な職位を下のレベルから挙げれば，次のようになる。レベル1はチーフ，トレーナー，次長である。レベル2は中小型店店長，マネージャー，スーパーバイザー，バイヤーである。レベル3は大型店店長，上級スーパーバイザー，上級バイヤーである。中小型店とは売場面積が3000㎡未満の店舗，大型店とは売場面積が3000㎡以上の店舗である。図表6-6は第1期採用者を対象に，各レベルの代表的職位として，チーフ，中小型店店長，大型店店長の任命年次別の分布を示している。第2点に関しては，上位のレベルに到達した最初の異動を昇進と見なし，下方異動を含む，それ以外の異動は無視することにした。

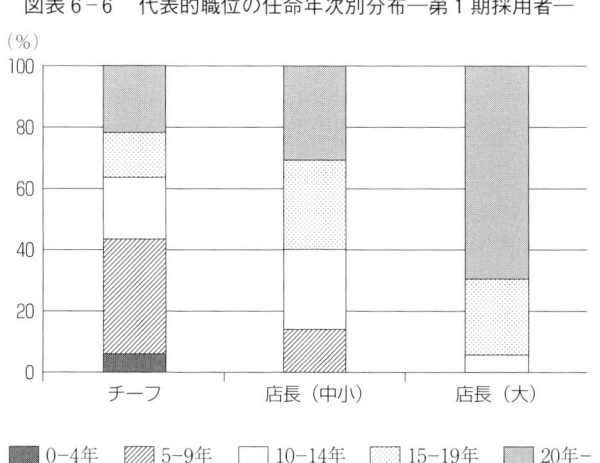

図表6-6　代表的職位の任命年次別分布—第1期採用者—

■ 0-4年　▨ 5-9年　□ 10-14年　▤ 15-19年　▥ 20年-

（2）昇進年次と昇進順位

A社の場合，昇進年次には初期から相当の幅がある。したがって，一律昇進ではまったくない。図表6-7は3つの採用時期ごとに昇進年次の分布を示している。[14] 第1期採用者の場合は全レベルを見ることができるが，各レベ

図表6-7　採用時期ごとの昇進年次の分布　　　　（人）

年次	第1期 レベル1	第1期 レベル2	第1期 レベル3	第2期 レベル1	第2期 レベル2	第3期 レベル1
0						
1				1		
2	5	1		14	1	10
3	13	2		40	1	28
4	17	6		29	4	22
5	30	3		9	6	18
6	25	6		8	4	23
7	17	11		8	6	37
8	8	14		6	7	16
9	2	12		2	11	24
10	4	15	1	3	12	15
11	1	6		4	11	5
12		7	1	4	11	3
13		5	1	1	9	6
14	1	9	1	1	4	1
15		8	2		7	1
16	1	1	1		6	
17		5	2	1	2	
18	1	5	4	1		
19		5	8			
20		3	8		2	
21		3	5			
22			7			
23			2			
24						
25			1			
小計	125	127	44	132	104	209
該当なし	27	25	108	22	50	33
総計	152	152	152	154	154	242

ルとも，主な昇進年次（図表で網がけ）だけでも4年から5年の幅がある。その他の年次を含めると，レベル1には17年，レベル2には20年，レベル3には16年の幅がある。第2期採用者のレベル1とレベル2，第3期採用者のレベル1も同様である。以下では，主な昇進年次に昇進した者を標準昇進者，それより早い者を早期昇進者，遅い者を後期昇進者と呼ぶ。

　昇進順位の入れ替わりも珍しくない。したがって初期の差は十分に挽回可能である。図表6-8は第1期採用者のレベル1，レベル2の昇進年次の分布を示している。キャリア分析でよく用いられる各年のキャリアツリーは，昇進経路が複雑になりすぎるため，ここでは使わない。レベル1とレベル2がともに早期昇進者，標準昇進者，後期昇進者のいずれかであるのは，順に0人，42人，9人の計51人にとどまり（図表で外枠），他は何らかの意味でこれから外れている。第1に抜擢がある。レベル1を経ないでレベル2に昇進した者（レベル1が「該当なし」）が21人おり，そのうちのほぼ半分（11人）はレベル2の早期昇進者である。第2に前方のグループに追い着く者がいる。レベル1の標準昇進者のうち7人はレベル2の早期昇進者となり，レベル1の後期昇進者のうち4人はレベル2の標準昇進者となる（図表で点線網がけ）。第3に後方のグループに追い着かれる者がいる。レベル1の早期昇進者のうち1人はレベル2の標準昇進者となり，レベル1の標準昇進者のうち39人はレベル2の後期昇進者となる（図表で斜線網がけ）。第4に後方のグループに追い抜かれる者がいる。レベル1の早期昇進者のうち4人はレベル2の後期昇進者となる（図表で斜線網がけ）。

　昇進順位の入れ替わりは，レベル2とレベル3の間，レベル1とレベル3の間にも存在する。図表6-9は第1期採用者のレベル2，レベル3の昇進年次の分布を示している。レベル2とレベル3がともに早期昇進者，標準昇進者，後期昇進者であるのは，順に4人，20人，1人の計25人である（図表で外枠）。それ以外に，前方のグループに追い着く者が10人（図表で点線網がけ），後方のグループに追い着かれる者が9人いる（図表で斜線網がけ）。なお，レ

図表6-8　第1期採用者の昇進年次の分布（レベル1，レベル2）（人）

レベル1 年次	レベル2年次			小計	該当なし	計
	-6	7-10	11-			
-2	0	1	4	5	0	5
3-7	7	42	39	88	14	102
8-	0	4	9	13	5	18
該当なし	11	5	5	21	6	27
計	18	52	57	127	25	152

図表6-9　第1期採用者の昇進年次の分布（レベル2，レベル3）（人）

レベル2 年次	レベル3年次			小計	該当なし	計
	-17	18-22	23-			
-6	4	7	0	11	7	18
7-10	5	20	2	27	25	52
11-	0	5	1	6	51	57
該当なし	0	0	0	0	25	25
計	9	32	3	44	108	152

図表6-10　第1期採用者の昇進年次の分布（レベル1，レベル3）（人）

レベル1 年次	レベル3年次			小計	該当なし	計
	-17	18-22	23-			
-2	0	2	0	2	3	5
3-7	7	22	2	31	71	102
8-	0	2	1	3	15	18
該当なし	2	6	0	8	19	27
計	9	32	3	44	108	152

ベル2を経ないでレベル3に昇進した者はいない。**図表6-10**は第1期採用者のレベル1，レベル3の昇進年次の分布を示している。レベル1とレベル3がともに早期昇進者，標準昇進者，後期昇進者のいずれかであるのは，順に0人，22人，1人の計23人である（図表で外枠）。それ以外に，レベル1を経ないでレベル3に昇進した者（レベル1が「該当なし」）が8人おり，前方のグループに追い着く者が9人（図表で点線網がけ），後方のグループに追い着かれる者が4人いる（図表で斜線網がけ）。

ただし，昇進時期の早い方がその後の昇進に有利だということは，ある程度言えそうである。**図表6-11**は第1期採用者について，上位レベルへの昇進割合が昇進時期の違いによってどの程度変化するかを示している。「レベル1→2」は，レベル1到達者のレベル2への昇進割合である。3種類の昇進のうち，「レベル2→3」については，現レベルへの昇進時期の早い方が，上位レベルへの昇進割合が高いことを確認できる。[15][16]

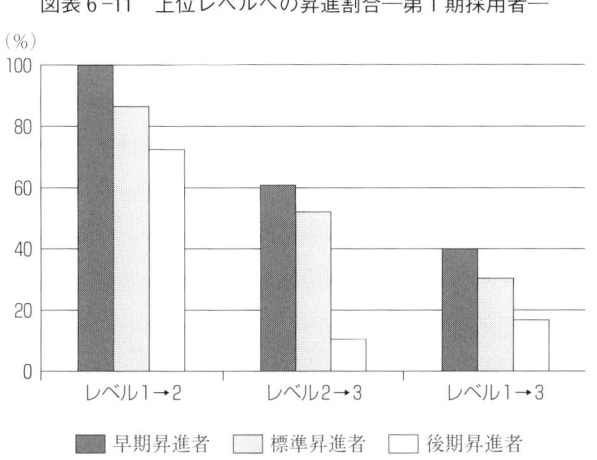

図表6-11　上位レベルへの昇進割合—第1期採用者—

■ 早期昇進者　□ 標準昇進者　□ 後期昇進者

（3）特に早い昇進と人事処遇制度

　A社が小売業であり，この業種の昇進が早いとしても，昇進が特に早いケースについてはもう少し調べる必要があろう。昇進が特に早いと見なすのは，レベル1に関しては入社から3年め（2年次）までであり，レベル2に関しては入社から5年め（4年次）までである。

　レベル1に関しては，図表6-7で示したように，昇進が特に早い者は3つの期間を合わせて全部で30人いる。職位はチーフが11人，トレーナーが12人，次長が7人である。入社時の年齢は，22歳が16人，23歳が10人，24歳が4人であり，年齢が特に高いわけではない。部門に関しては，生鮮が17人，日配・加工食品が5人，衣料・住居が7人，管理が1人である。正社員全体の初任配属と大きな違いはない。

　レベル2に関しては，図表6-7で示したように，昇進が特に早い者は第1期と第2期を合わせて15人いる。職位は，中小型店店長が2人，マネージャーが2人，スーパーバイザーが2人，バイヤーが9人であり，バイヤーの多さが目立つ。第2期採用者では6人中5人がバイヤーである。バイヤーは，レベル2の中では相対的に早く昇進できる職位なのであろう[17]。

　昇進が特に早い者については人事処遇制度との関係が出てくる。A社は2000年代の初めまで，管理層に対しても，日本の多くの企業と同様に職能資格制度をとっていた。職位と資格等級の間には一定の対応関係が存在し，各資格等級には滞留年数が設けられていた。そうであれば，特に早い昇進が職能資格制度とどういう関係にあったかが問題となる。

　レベル1に関しては，特に早い昇進はA社の人事処遇制度の枠内で十分に可能だった。この時期，レベル1の職位がどの資格等級に対応していたのかは，今ひとつはっきりしないが[18]，大卒の場合，実態として，入社時に格付けされる資格等級でレベル1の職位に就くことができたように見える。1990年代に退職したチーフ等の資格等級を調べると，最も多いのは大卒入社時より1段階上の資格等級であるが，その次に多いのは入社時の資格等級である。

それに対してレベル2に関しては，特に早い昇進はA社の人事処遇制度の枠外で行われたように見える。この時期，レベル2の職位がどの資格等級に対応していたかは，やはりはっきりしないが，大卒の場合，実態として，入社時よりも2段階以上高い資格等級につく必要があったように見える。1990年代に退職した店長，マネージャー，スーパーバイザー，バイヤーの資格等級を調べると，最も多いのは大卒入社時より2段階上の資格等級であり，それより低い資格等級は全体の2％にすぎない。当時の資料によれば，大卒入社時より2段階上の資格等級に昇格するためには，最短で6年，標準で10年かかるものとされており，特に早い昇進の場合，本来よりも低い資格等級でレベル2の職位に就いたと考えられる。

（4）昇進年次の時期的変化

　レベル1への昇進年次にははっきりした時期的な変化は見られないが，レベル2への昇進年次は次第に遅くなった。**図表6-12**は10年次までのレベル1昇進者の累積割合を示している。グラフが上に表れるのは昇進年次が早いことを，下に表れるのは昇進年次が遅いことを表している。グラフは上から第2期採用者，第1期採用者，第3期採用者の順に並んでおり，10年次までにレベル1に昇進する割合は，第1期採用者90％，第2期採用者88％，第3期採用者84％の順である。**図表6-13**は10年次までのレベル2昇進者の累積割合を示している。グラフは，上から第1期採用者，第2期採用者，第3期採用者の順に並んでおり，昇進年次が次第に遅くなったことを示している。10年次までにレベル2に昇進する割合も，第1期採用者から順に46％，34％，14％と低下している。

　レベル2への昇進年次が遅くなった理由は，レベル2以上のポストの増加に比べて，その候補となる中堅以上層の増加が大きかったことによる。1990年から2006年の間にレベル2以上のポストは2倍弱に増加したが，勤続10年以上層ないし35歳以上層はいずれもほぼ4倍となった。そのため，**図表6-14**

図表6-12　レベル1昇進者の累積割合

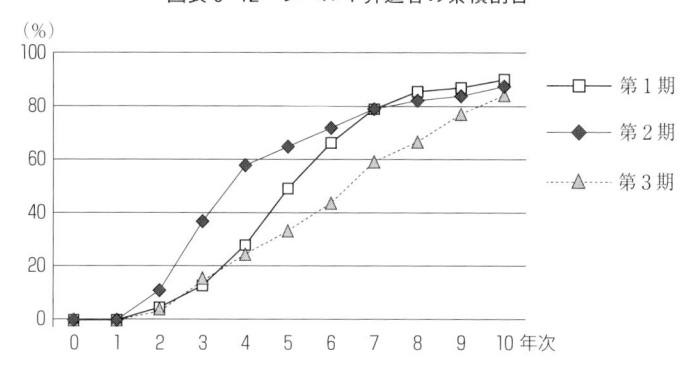

図表6-13　レベル2昇進者の累積割合

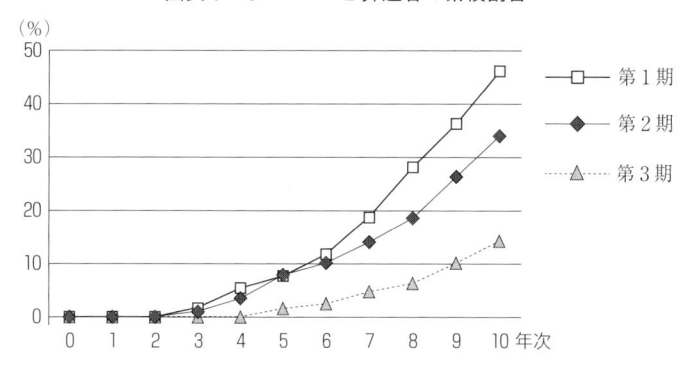

に示すように，中堅以上層に対するレベル2以上のポストの比率は，1990年の10割弱から1998年の6割弱，さらには2006年の4割へと低下した。第1期，第2期採用者の特に早い昇進を可能にしたのは，1990年代前半のこの比率の高さである。なお，ここでの分析は，ポスト，正社員のいずれについても男性に限定した。[23]

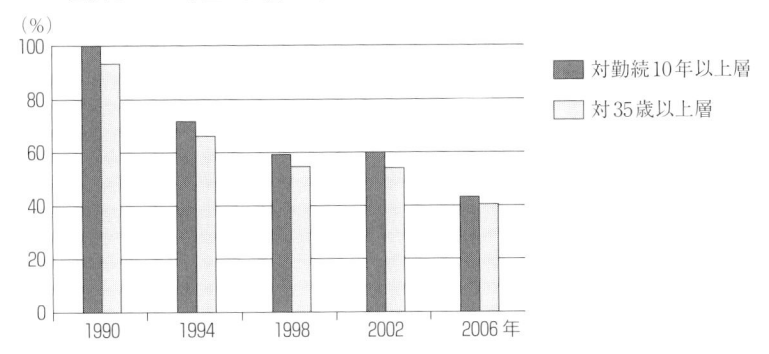

図表6-14 中堅以上層に対するレベル2以上ポストの比率—男性—

5 早い昇進と人事処遇制度

　この章の主な発見は，早い時期から昇進に差がつく一方で，昇進順位の入れ替わりが普通に見られるという事実であるが，もう1つの発見として，職能資格制度に収まらない早い昇進の実態がある。これまでの研究は，職能資格制度に関して，職能資格は職位と対応しており，上位の職能資格に昇格した者の中から上位の職位に昇進する者が決められていること，ズレが生じるのは，資格等級に見合った職位が不足し，昇格（昇級）に比べて昇進が遅れるためであり，これへの対応策として専門職制度が発生したと述べてきた[24]。とはいえ，少なくともホワイトカラーに関して，資格等級と職位の関係が実際のデータを基に研究されたことは，これまでなかったように見える[25]。両者の関係は改めて問い直されるべきであろう。

　上記の実態は，成果主義への流れを構成するもう1つの要素としても重要である。なぜなら，成果主義はこれまで，職位（職務）に対して高すぎる資格等級（処遇）を，職位（職務）にまで引き下げるものとして理解されてきたからである[26]。それに対して，本書の事例は，職位（職務）に対して低すぎ

る資格等級（処遇）を，職位（職務）にまで引き上げることが，成果主義のもう1つの役割であったことを示唆している。A社は2000年代の初めに成果主義的な人事処遇制度を本格的に導入したが，その理由として，資格等級と担当する仕事にズレが生じており，賃金のアンバランスにつながっていることが挙げられた。[27] A社の場合，このズレは，職位（職務）に対して高すぎる資格等級（処遇）だけでなく，職位（職務）に対して低すぎる資格等級（処遇）も指していたはずである。

（1） 本書は入社年を0年次と数えるので，年次を用いれば，10年次末に在籍の正社員である。
（2） 残りの5人は3月ないし4月入社である。なお，それ以外に初任者教育の有無を確認できない者が3人いる。
（3） ただし，3月，4月以外の採用者の初任者教育期間は1ヶ月未満と短い。
（4） 本社配属者の割合は，第1期採用者から順に，4％，3％，0％であり，工場等配属者の割合は，1％，3％，5％である。
（5） 有価証券報告書によれば，1988年から1994年までの6年間に本社の人員がほとんど変わらなかったのに対して，工場等の人員は2.5倍に増加している（人員はいずれもパート等を含む）。
（6） 割合の低下は店舗の増加によるものと見てよさそうである。上位10店ではなく，上位1割の店舗に配属される新入社員の割合を見ると，その割合は上昇している。
（7） 有価証券報告書による。
（8） 店舗の商品管理部門，本社の営業部門および管理部門である。
（9） この点は人事データでも確認できる。
（10） 全期間で2％弱である。
（11） 副部門を短期間経験した後に管理部門に異動した2人を含む。
（12） 残り2人は初任配属部門が管理部門である。
（13） 売場面積は，現存店の場合は現時点の面積，廃店の場合はその直前の面積である。売場面積には変動があるが，3000㎡をまたがる変動はごく少ない。
（14） 各レベルの職位の内訳は，次のようになる。レベル1で最も多いのはチーフであり，いずれの時期も7割前後を占めている。第1期ではこれに次長，トレーナーが続き，第2期，第3期ではトレーナー，次長が続いている。レベル2は時期によって1位と2位の職位が異なる。第1期では中小型店店長が5割弱を占め，これにスーパーバイザー・バイヤー，マネージャーが続いているが，第2期ではスーパーバイザー・バイヤーが5割強を占め，これに中小型店店長，マネージャーが続いている。レベ

ル3（第1期）は，大型店店長が6割を占め，これに上級スーパーバイザー・バイヤーが続いている。
(15) 「レベル1→2」と「レベル1→3」については，早期，標準，後期のいずれの組み合わせについても統計的に有意な差を確認できない。「レベル2→3」の早期・後期，標準・後期には有意な差を認めることができる。また，図表には示していないが，第2期採用者の「レベル1→2」の標準・後期にも有意な差を認めることができる。有意水準は両側5％である。
(16) 単一部門経験者（0部門経験者を含む）と複数部門経験者の間に，昇進に関して統計的に有意な差は認められない。両者の比較は，第1期採用者と第2期採用者のレベル2への昇進割合，第1期採用者のレベル3への昇進割合について行った。有意水準は両側5％である。
(17) 全体として，バイヤーの昇進年次は中小型店店長，マネージャー，スーパーバイザーよりも低年次に偏っている。
(18) 1990年代より以前の職位と資格等級の対応関係を示す資料を，われわれは入手できなかった。その後の資料によれば，チーフは複数の資格等級にまたがっているが，その資料には，チーフが大卒入社時の資格等級から始まっているものと，1段階上の資格等級から始まっているものの2種類がある。
(19) その後の資料によれば，店長は大卒入社時より2段階以上高い資格等級と対応している。バイヤーについては，大卒入社時より1段階以上という資料と，2段階以上という資料がある。もし前者が正しければ，以下で述べる滞留年数との関係で，バイヤーの場合，特に早い昇進はA社の人事処遇制度の枠内で可能だったことになる。
(20) レベル1昇進者はレベル2に直接昇進した者を含む。
(21) これらの割合の間に統計的に有意な差は認められない。有意水準は両側5％である。
(22) これらの割合の間には統計的に有意な差を認めることができる。有意水準は両側5％である。
(23) レベル1の場合，若年層に対するポストの比率は上昇している。これは，1990年代後半以降，レベル1のポストが増加する一方で若年層が減少したためである。ただし，同時に，レベル2につけない中堅層が増えたため，レベル1の候補者は増えた可能性がある。
(24) 八代［1995］第6章，八代［2002］。
(25) ただし，中村恵［1991a］は，資格等級に対応する職位より上位に昇進する場合があることを指摘しており，小林良暢［1995］にも同様のデータがある。
(26) 松繁他［2005］249頁以下，中村・石田［2005］4頁，労働政策研究・研修機構［2006a］37頁以下。成果主義導入の背景については，阿部正浩［2006］も参照。
(27) A社人事処遇制度改革の説明資料。

第7章
店長のキャリア

Ａ社正社員の経験部門は基本的に１つの商品部門に限定されるが，近年の店舗管理の変容によって，店長には以前より幅広い管理能力が求められるようになった。また，店長の異動間隔は短期化している。この章では，こうした動きに対して，店長のキャリアがどう変化し，応えてきたのかを分析する。

1　店長の勤続・年齢構成の変化

　Ａ社店長のキャリアの変化は，店長の勤続・年齢構成の変化を基礎としている。かつては，店長のかなりの部分は勤続年数が短く，年齢も若かったが，時期が下るにつれて，店長の勤続年数は長くなり，年齢も高くなった。図表７-１は，店長の勤続年数別の割合を示したものである。1990年には勤続15年未満層が店長の８割を占めていたが，1998年には４割以下に低下し，2006年には１割強となった。逆に勤続15年以上層は，1990年には２割にすぎなかったが，2006年には９割近くを占めるようになった。年齢も同様である。図表７-２に示すように，1990年には40歳未満層が店長の８割を占めていたが，2006年には１割ほどに減少した。逆に40歳以上層は，1990年には２割にすぎなかったが，2006年には９割近くを占めるようになった。

2　店長の経験部門

　Ａ社の店長が経験する商品部門は，やはり基本的に単一である。図表７-３は，経験した商品部門数ごとに店長を分類し，その割合を示したものである。管理部門等(1)だけで商品部門の経験がない者（図表の「０部門」）を別にすると，ほとんどの店長は１つの商品部門しか経験していない。ただし，時期

第 7 章　店長のキャリア

図表 7-1　店長の勤続年数別割合

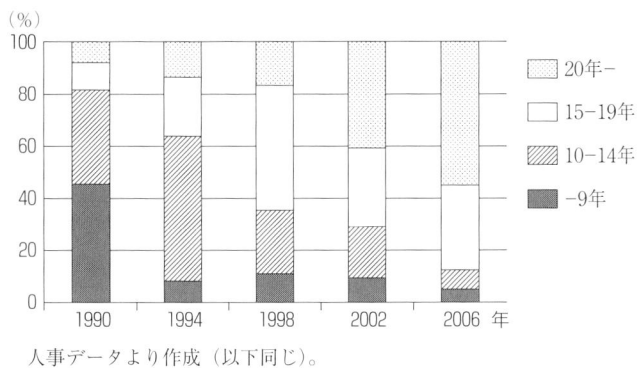

図表 7-2　店長の年齢別割合

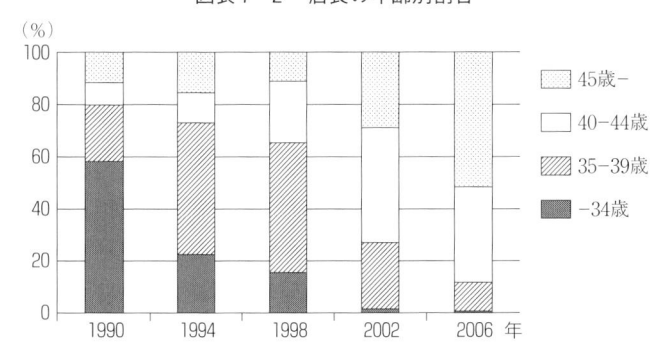

図表 7-3　店長の経験部門数別割合

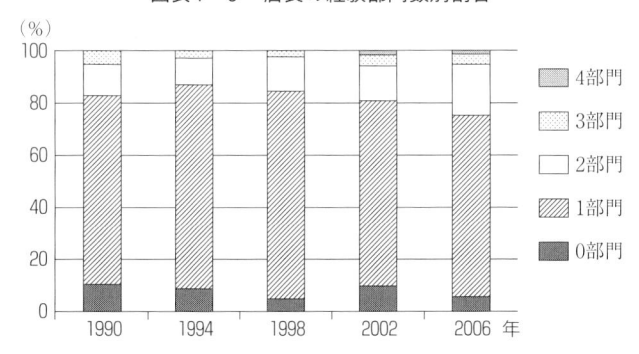

人事データより作成（以下同じ）。

が下るにつれて,複数の商品部門を経験した店長は4分の1ほどに増加する。これはそれほど大きな変化ではないが,経験部門の内訳を見ると,店長に至るキャリアとして有意義と思われるものが多い。

まず単一部門経験者の商品部門の内訳については,正社員で見られたのと同様のことが見られる。図表7-4に示すように,1990年の店長を除いて生鮮部門が半分以上を占めており,その割合は次第に高まっている。生鮮部門の内訳では,図表7-5に示すように,青果と畜産の割合が低下する一方で,鮮魚と惣菜の割合が高まっている。

複数部門経験者では,図表7-6に示すように,日配,加工食品,食品の割合が高く,これらで5割を超える。複数部門経験のうち,店長の店舗管理にとって特に有意義と思われるのは食品の経験である。食品は通常の意味の商品部門ではなく,青果から加工食品に至る食品部門全体を指しており,職位もチーフの上に位置するマネージャーが多い。また,店長へのインタビュー結果から推測できることとして,性格の異なった商品部門,例えば生鮮部門と非生鮮部門——加工食品や住居等——の組み合わせも有意義であろう。

複数部門経験者を以上の観点から整理すると次のようになる。2部門経験者の場合,その5割は食品を経験している。2部門経験者の残り5割は,食品を含まない組み合わせであるが,そのうちの6割は生鮮部門と非生鮮部門の組み合わせである。したがって,2部門経験者では食品経験者と生鮮・非生鮮の組み合わせが全体の8割を占めることになる。3部門以上経験者の場合は,全員が食品経験者か生鮮・非生鮮の組み合わせである。有意義と思われる組み合わせが多い。

複数部門経験者の増加は店長の勤続・年齢構成の変化と密接に結びついている。分析対象を中堅以下——勤続15年未満あるいは年齢40歳未満——に限定すると,複数部門経験者の割合に増加は見られなくなる。

第7章 店長のキャリア

図表7-1 店長の勤続年数別割合

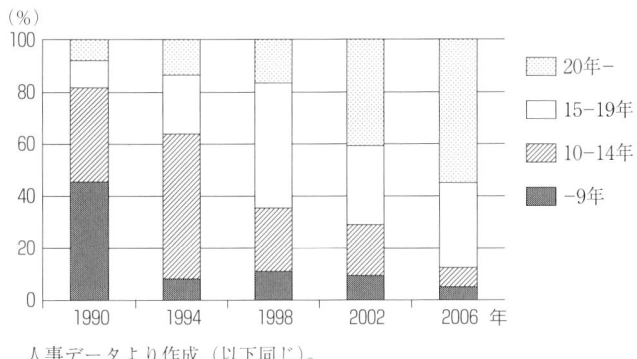

人事データより作成（以下同じ）。

図表7-2 店長の年齢別割合

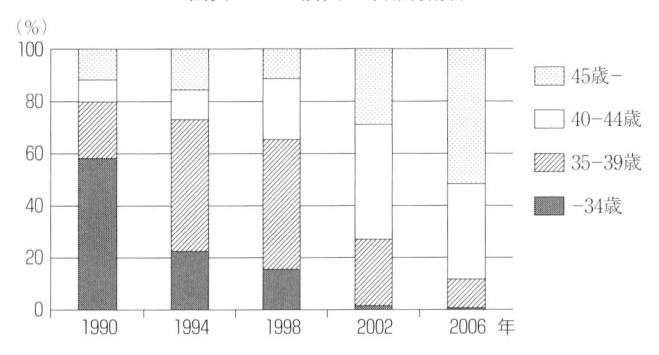

図表7-3 店長の経験部門数別割合

115

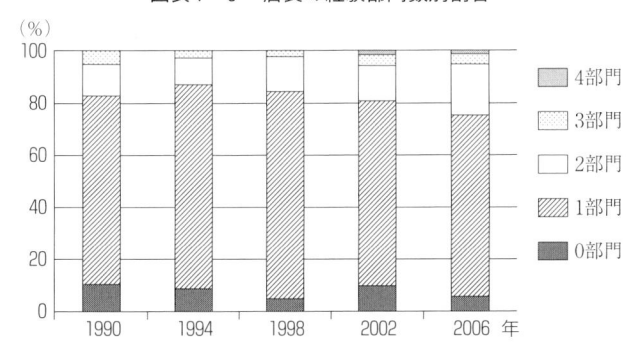

が下るにつれて、複数の商品部門を経験した店長は4分の1ほどに増加する。これはそれほど大きな変化ではないが、経験部門の内訳を見ると、店長に至るキャリアとして有意義と思われるものが多い。

　まず単一部門経験者の商品部門の内訳については、正社員で見られたのと同様のことが見られる。図表7-4に示すように、1990年の店長を除いて生鮮部門が半分以上を占めており、その割合は次第に高まっている。生鮮部門の内訳では、図表7-5に示すように、青果と畜産の割合が低下する一方で、鮮魚と惣菜の割合が高まっている。

　複数部門経験者では、図表7-6に示すように、日配、加工食品、食品の割合が高く、これらで5割を超える。複数部門経験のうち、店長の店舗管理にとって特に有意義と思われるのは食品の経験である。食品は通常の意味の商品部門ではなく、青果から加工食品に至る食品部門全体を指しており、職位もチーフの上に位置するマネージャーが多い。また、店長へのインタビュー結果から推測できることとして、性格の異なった商品部門、例えば生鮮部門と非生鮮部門——加工食品や住居等——の組み合わせも有意義であろう。

　複数部門経験者を以上の観点から整理すると次のようになる。2部門経験者の場合、その5割は食品を経験している。2部門経験者の残り5割は、食品を含まない組み合わせであるが、そのうちの6割は生鮮部門と非生鮮部門の組み合わせである。したがって、2部門経験者では食品経験者と生鮮・非生鮮の組み合わせが全体の8割を占めることになる。3部門以上経験者の場合は、全員が食品経験者か生鮮・非生鮮の組み合わせである。有意義と思われる組み合わせが多い。

　複数部門経験者の増加は店長の勤続・年齢構成の変化と密接に結びついている。分析対象を中堅以下——勤続15年未満あるいは年齢40歳未満——に限定すると、複数部門経験者の割合に増加は見られなくなる。

第7章　店長のキャリア

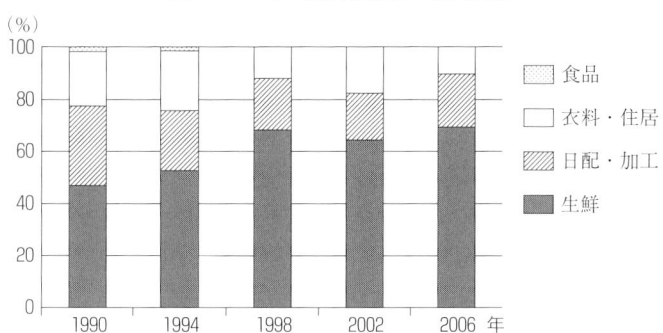

図表7-4　単一部門経験者の部門内訳

図表7-5　単一部門経験者の生鮮部門内訳

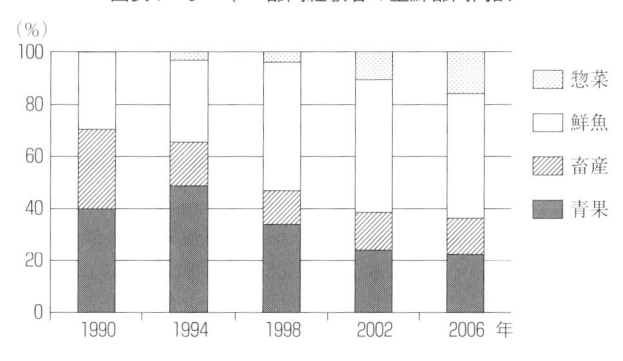

図表7-6　複数部門経験者の部門内訳

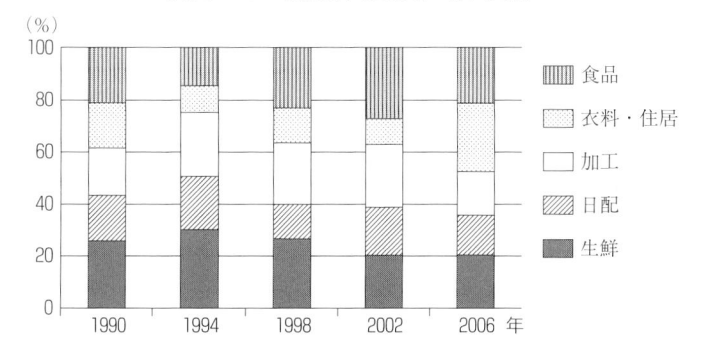

3 店長の役職経験

店長に至るキャリアでより重要と思われるのは役職経験である。A社店長の役職経験はさまざまな意味で豊富化している。

(1) 店長としての経験

まず、店長としての経験が長くなった。**図表7-7**は、現職以前の店長としての経験月数を示したものである。1990年代前半は、店長としての経験月数がゼロ、すなわち店長に初めて就く者が4割前後いたが、2002年にはその割合は2割以下に低下する。逆に店長経験が36ヶ月（3年）以上の者は1990年代前半に4割弱だったが、2002年には6割近くへと増加する。2006年になると、店長経験が72ヶ月（6年）以上の者だけで4割を占めるようになる。

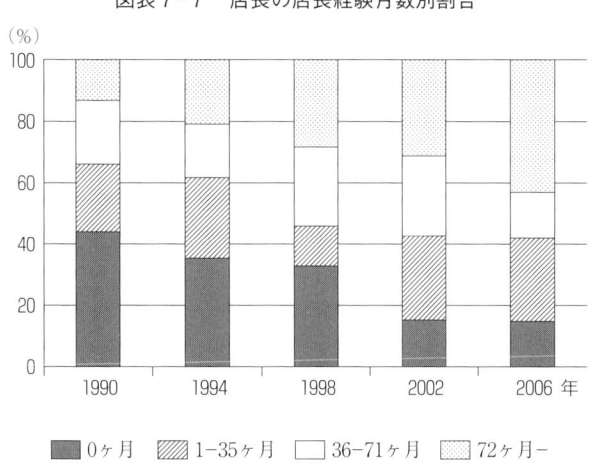

図表7-7　店長の店長経験月数別割合

■ 0ヶ月　▨ 1-35ヶ月　☐ 36-71ヶ月　▨ 72ヶ月-

（２）店長以外の職位

　勤続年数が長く，年齢の高い店長が多くなるにつれて，店長以外の役職経験も豊富化する。図表7-8は，店長が現職以前に店長以外の職位をどれだけ経験したかを示している。ほとんどの店長は，担当，チーフ等——チーフ代行とトレーナーを含む——を経験しており，その割合はあまり変わらない。変化はそれ以外の職位で見られる。2002年以後，次店長等，マネージャー等，スーパーバイザー・バイヤー（図表ではSVByと略）の経験者が増えている[7]。これらの役職のいずれかを経験した店長の割合（図表の「役職」）は，1990年代は5割前後であったが，2006年には8割にまで上昇する。

　これらの職位には配属場所や担当部門で以下のような特徴がある。なお，以下の分析では次の2点に注意が必要である。第1に，配属場所や担当部門の多寡を述べるさいの単位は人ではなく，職位経験である。ある店長が同じ職位を複数回経験していれば，その職位経験は複数回数えられることになる。さらに言えば，同一人物が複数の時期に店長になることがあるため，その店

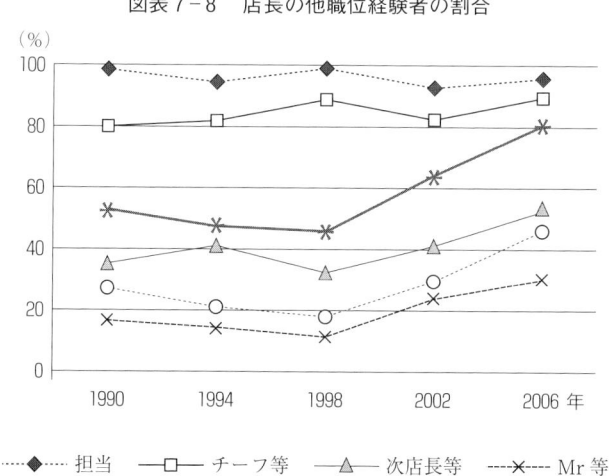

図表7-8　店長の他職位経験者の割合

……◆…… 担当　　—□— チーフ等　　—△— 次店長等　　---×--- Mr等
……○…… SVBy　　—＊— 役職

長が経験した1つの職位経験が複数回数えられることもある。第2に，以下の分析対象は各時期の店長の職位履歴に含まれるものに限定されている。したがって，分析結果は必ずしも各職位の一般的な傾向を示すものではない。とはいえ，筆者が各職位の一般的な傾向を調べたところ，結果はほとんど同じだった。⁽⁸⁾

次店長等——次長，サブマネージャー，副店長——は，ごく例外的な場合を除き，ほとんどすべてが店舗配属である。担当部門は職位によって違いが見られる。次店長等の多くを占めるのは次長——現在では廃止されている——であるが，担当部門は青果から住居までの商品部門であることが多い⁽⁹⁾。これは，次長が担当部門のチーフの役割を果たしつつ，店長不在時に店長の職務を代行したためである⁽¹⁰⁾。残りはサブマネージャー——現在では廃止されている——と副店長であるが，これらは逆にほとんどが管理部門である。サブマネージャーの場合は小型店で複数の商品部門を担当するためであり，副店長は店長養成の職位であるためであろう。

マネージャー等は，6割が店舗，3割が本社，1割弱が工場等に配属される。マネージャー等の職位は，7割がマネージャー，残りの3割弱が課長・係長——現在では廃止されている——である。前者のほとんどは店舗または工場等への配属，後者のほとんどは本社配属である。

店舗配属のマネージャー等——大部分がマネージャーである——の場合，担当部門のほとんどは食品，衣料，住居であり，そのほか若干が管理である。青果から加工食品までの食品部門を担当する者はいない。マネージャーが配置される店舗は，フルタイム人員が50人以上の大型店が多く，担当部門には別にチーフがいることが多い。これが最もよく当てはまるのは食品のマネージャーである。ほとんどのマネージャーの下に，青果から加工食品に至る6つの商品部門のチーフが配置されている。これに比べると，衣料，住居のマネージャーの場合には，店舗の規模がいくらか小さくなり，配下のチーフも2，3人というのが多くなる。チーフを持たないマネージャーもかなりいる⁽¹¹⁾。

本社配属のマネージャー等――大部分は課長・係長――の場合，担当部門は管理（財務・人事・総務）と営業がほぼ同数である。工場等に配属の場合，担当部門のほとんどは管理である。

スーパーバイザー・バイヤーは，例外的な場合を除き，ほとんどが本社配属である。担当部門は生鮮と衣料・住居がほぼ同数であり，日配・加工食品がそれに次ぐ。これまで見てきたのと同様，次第に生鮮部門の割合が高まっている。

4 役職経験の豊富化

（1）豊富化の意義

前節で見た役職経験の豊富化は，何らかの意味で，店長が出身以外の商品部門を管理する助けになる。

まず，店長としての経験について，店長の一人は，顧客からの問い合わせに答える必要から，店長としての経験が長くなるにつれて，出身以外の商品部門に関しても次第に身についてくるものだ，と述べている。[12]

同様のことは，店舗で管理的な役割を担う次店長やマネージャーについても言えそうである。店長経験のある本社スタッフは，店長になる前の次長が店長研修だったと述べた。また，店長の一人は，大型店の食品マネージャーを1年した後，店長となったが，このときの経験が店長へステップアップするための準備になったと語っている。

スーパーバイザー，バイヤーも，本社勤務であるという点で役に立つという。店長の一人は，店長に短期間就いた後，本社でスーパーバイザー，バイヤーを経験し，再び店長になったが，スーパーバイザー，バイヤーの経験を次のように述べている。同様のことは本社配属のマネージャー等についても言えそうである。

最初の店長のときは多くの事が分からないまま日々の業務を行った。その後のスーパーバイザー，バイヤーとしての5年間の本社経験は大変役に立った。本社での仕事の流れが分かるようになり，特に本社スタッフと面識ができたので，店長として困ったとき——クレーム処理や商品について質問があるとき——，スムーズに問い合わせ等ができるようになった。

（2）豊富化の全体

　役職経験の豊富化は，全体として見れば，どの程度になるのだろうか。経験月数を調べると，以下のようになる。

　役職経験を広くとり，各店長の現職以前の店長，次店長等，マネージャー等，スーパーバイザー・バイヤーとしてのすべての経験月数を求め，それをもとに店長の割合を示したのが図表7-9である。役職経験者の割合が次第に高まり，役職経験のない者はほとんどいなくなる。1990年に，役職経験が36ヶ月（3年）以上の店長は5割いたが，役職経験のない者もほぼ4人に1人存在した。前者の割合は1998年に6割を超え，2006年には9割に達する。後者の割合は1998年に15％に低下し，2006年にはわずか1％となった。

　役職経験を，店舗管理に直接関わる役職——店長，次店長等，店舗・工場等のマネージャー等——に限定しても，経験月数が若干短くなる程度で，結果は同様である。1990年に役職経験が36ヶ月（3年）以上の者は4割，役職経験のない者は3割だったが，2006年に，前者は7割に増加する一方，後者は4％へと減少する。

　役職経験の豊富化は——当然かもしれないが——店長の勤続・年齢構成の変化と密接に結びついている。図表7-9の分析対象を中堅以下——勤続15年未満あるいは年齢40歳未満——の店長に限定すると，特に役職経験が72ヶ月（6年）以上の区分に増加が見られなくなる。

図表7-9　店長の役職経験月数別割合

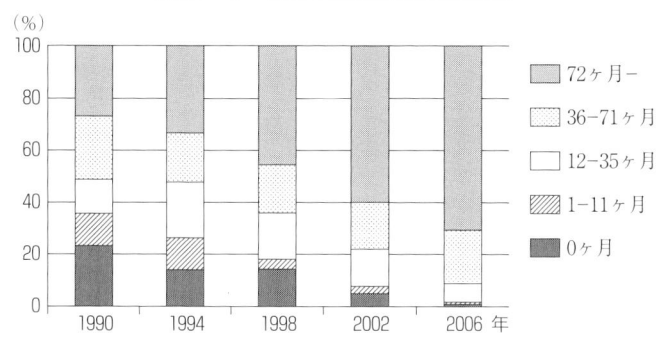

凡例: 72ヶ月－／36-71ヶ月／12-35ヶ月／1-11ヶ月／0ヶ月

図表7-10　店長の職位別経験月数の割合

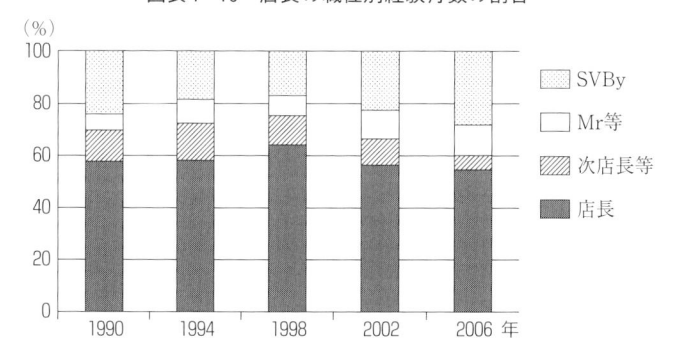

凡例: SVBy／Mr等／次店長等／店長

（3）豊富化の内訳

　役職経験の内訳はどうであるのか。役職経験月数の総計値を見ると，最も長いのは店長としての経験である。図表7-10は，役職経験総月数の中で店長，次店長等，マネージャー等，スーパーバイザー・バイヤーとしての経験月数が占める割合を示している。いずれの時期も店長が6割前後を占め，スーパーバイザー・バイヤーが2割前後で続いている。店長の経験が伸びる一方で，店長以外の役職経験も増えているため，各職位の割合はほぼ一定している。ただし，次店長等とマネージャー等については若干の変化が見られる。以前

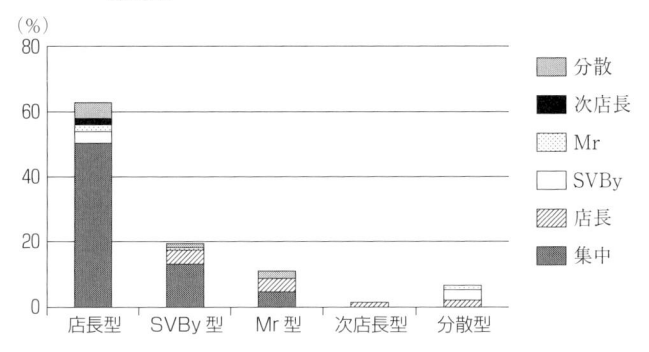

図表7-11　店長の役職経験類型別の割合—2006年の役職経験72ヶ月以上—

[棒グラフ：店長型、SVBy型、Mr型、次店長型、分散型の5類型について、集中・店長・SVBy・Mr・次店長・分散の内訳を示す。店長型が約63%で最も高く、SVBy型が約20%、Mr型が約10%、分散型が約7%、次店長型はごくわずか。]

は次店長等がマネージャー等を上回っていたが，最近では後者が前者を上回るようになった。

　個々の店長の役職経験を見ても，やはり多いのは店長としての経験である。図表7-11は，2006年の店長で役職経験が72ヶ月以上ある者を，主要な経験職位——全役職経験月数の半分以上を占める職位——によって分類し，5つの棒グラフで示したものである（「分散型」は半分以上の職位がない場合）。ここでもやはり店長型が6割を占めており，スーパーバイザー・バイヤー型が2割，マネージャー型が1割で続いている。次店長型はわずかである[13]。

　図表7-11はさらに各類型の内訳を示している。役職経験の4分の3以上が当該職位に集中している場合は「集中」であり，それ以外の職位が4分の1以上を占める場合は，その職位を示している（「分散」は4分の1以上の職位がない場合）。店長型では，その8割（全体の5割）が集中——ほぼ純粋に店長の経歴を積み重ねた人々——であり，残りの2割（全体の1割）が他の役職もある程度経験した人々ということになる。スーパーバイザー・バイヤー型とマネージャー型では，それぞれ7割と4割，あわせて全体の2割弱が，ほぼこれらの職位を経るなかで店長になった人々である。

124

（4）豊富化の効果

　A社では，時期が下るにつれて，勤続年数が長く，年齢の高い店長が多くなった。これは，店長への昇進時期が遅くなり，ベテラン店長がそのまま店長職にとどまるようになった結果であり，人事管理の面では問題があるかもしれない。しかし，これは店舗管理の面では幸いであった。店長のキャリアが経験部門においても，役職経験においても豊富化したからである。1990年代の前半と同様，店長のかなりの部分が経験の浅い新任店長のままだったなら，彼らは店舗管理の変容や異動間隔の短期化に対して相当な困難に直面した可能性がある。実際には店長の職責の増大と並行して，店長のキャリアが豊富化していた。これが店舗管理の変容を支えていたのである。

（1）　店舗の商品管理部門，本社の営業部門および管理部門である。
（2）　単純集計であり，2部門経験者は2度，3部門経験者は3度数えられている。
（3）　6割がマネージャーであり，残りは次店長（次長，副店長），スーパーバイザー，チーフである。
（4）　第4章で見たように，鮮魚出身の店長は，他の生鮮部門よりも加工食品や住居の管理に難しさがあると語り，加工食品出身の店長は，住居と生鮮部門に問題があると述べた。
（5）　この場合のもう1つの経験部門は，4分の3が日配・加工食品，4分の1が生鮮部門である。日配・加工食品経験者にとって，食品の経験は生鮮部門を知る機会となり，生鮮部門経験者にとって，食品の経験は日配・加工食品を知る機会となったはずである。なお，食品と衣料・住居の組み合わせはない。
（6）　非生鮮部門の大部分は日配・加工食品である。
（7）　これらの職位のうち，マネージャー等，スーパーバイザー・バイヤーについては，経験者が増えているだけでなく，経験者の平均経験期間も長くなる傾向にある。1990年から2006年の間に，マネージャー等は21ヶ月から47ヶ月へ，スーパーバイザー・バイヤーは48ヶ月から77ヶ月へと長くなっている。それに対して，次店長等に関しては1994年から2002年までの中盤の期間が長い。
（8）　一般的な傾向を調べるさいには，分析対象を，当該職位の在任期間の末日が1989年1月10日以降のデータに限定した。それ以前に関しては，退職者のデータが含まれていないため，配属店舗の人員配置状況が分からない。
（9）　3分の2がそれらの商品部門であり，残りのほとんどは管理部門である。それ以外に食品が少数いる。
（10）　このことは，特に青果から加工食品までの食品部門で確認することができる。こ

れらの部門に次長がいる店舗は，フルタイム人員が十数人までの小型店が多く，当該担当部門にチーフはいない。それに対して，次長の担当部門が食品，衣料，住居，管理の場合，配属される店舗は，フルタイム人員が50人を超える大型店が多く，担当部門には別にチーフ等の管理者が置かれていることがある。特に食品の次長の場合には，青果から加工食品までの全商品部門にチーフが配置されている。これらの次長は，マネージャーと同様な役割を担っていたと考えられる。なお，配属店舗の人員配置状況を分析するさいには，注（8）で指摘したのと同じ理由で，対象を，当該次長職の末日が1989年1月10日以降のケースに限定している。

(11) 次長の場合と同様，配属店舗の人員配置状況を分析するさい，対象は，当該マネージャー職の末日が1989年1月10日以降のケースに限定している。

(12) 第4章4（4）を参照。

(13) 2002年に関しても同様である。店長型が6割，スーパーバイザー・バイヤー型が2割，マネージャー型が1割である。

参 考 文 献

青山悦子「パートタイム労働者の人事管理―大手スーパーを中心にして―」,『三田学会雑誌』83巻特別号Ⅰ,1990年。
渥美俊一『普及版 SSMに軌道をとれ』商業界,2000年。
阿部健「事務系ホワイトカラーの企業内異動―大企業A社の事例―」,『日本労働研究雑誌』426号,1995年。
阿部正浩「成果主義導入の背景とその功罪」,『日本労働研究雑誌』554号,2006年。
石田光男『仕事の社会科学―労働研究のフロンティア―』ミネルヴァ書房,2003年。
石田光男「〔社会学会公開講演会〕ホワイトカラー労働研究の方法と課題」,同志社大学社会学会『評論・社会科学』80号,2006年。
石原真三子「パートタイム雇用の拡大はフルタイム雇用を減らしているのか」,『日本労働研究雑誌』518号,2003年。
井上詔三「内部労働市場の経済的側面―ホワイトカラーの事例―」,『日本労働協会雑誌』282号,1982年。
井上詔三「内部労働市場の存在と機能」,東京都労働経済局総務部調査課『経済と労働』労働特集58,1983年。
今田幸子・平田周一『ホワイトカラーの昇進構造』日本労働研究機構,1995年。
今野浩一郎・下田健人『資格の経済学―ホワイトカラーの再生シナリオ―中公新書1236』中央公論社,1995年。
今野浩一郎『人事管理入門』日本経済新聞社,1996年。
上原克仁「大手銀行におけるホワイトカラーの昇進構造―キャリアツリーによる長期昇進競争の実証分析―」,『日本労働研究雑誌』519号,2003年。
内田恭彦「次世代経営幹部候補者のキャリアと技量」,『日本労働研究雑誌』592号,2009年。
太田肇『プロフェッショナルと組織―組織と個人の「間接的統合」―』同文館,1993年。
太田肇『仕事人の時代』新潮社,1997年。
岡橋充明・乗杉澄夫「スーパーマーケットにおける店舗と店長の管理」,和歌山大学経済学会『経済理論』353号,2010年。
小口孝司・楠見孝・今井芳昭(編著)『エミネント・ホワイト―ホワイトカラーへの産業・組織心理学からの提言―』北大路書房,2003年。
奥西好夫(編)『雇用形態の多様化と人材開発―キャリア研究選書 シリーズ日本の人材形成3―』ナカニシヤ出版,2007年。

乙部由子『中高年女性のライフサイクルとパートタイム―スーパーで働く女たち―』ミネルヴァ書房，2006年。
小野晶子「大型小売業における部門の業績管理とパートタイマー」，『日本労働研究雑誌』498号，2001年。
金井壽宏『変革型ミドルの探求―戦略・革新指向の管理者行動―』白桃書房，1991年。
金井壽宏『仕事で「一皮むける」―関経連「一皮むけた経験」に学ぶ―』光文社，2002年。
川喜多喬『産業変動と労務管理』日本労働協会，1989年。
川喜多喬（編）『女性の人材開発―キャリア研究選書 シリーズ日本の人材形成2―』ナカニシヤ出版，2006年。
楠木健「イノベーションを支える人々―日本企業における技術開発リーダーのキャリアと組織的相互作用の分析―」，『日本労働研究雑誌』458号，1998年。
楠見孝「中間管理職のスキル，知識とその学習」，『日本労働研究雑誌』474号，1999年。
小池和男『日本の熟練―すぐれた人材形成システム―』有斐閣，1981年。
小池和男（編著）『現代の人材形成―能力開発をさぐる―』ミネルヴァ書房，1986年。
小池和男（編）『大卒ホワイトカラーの人材開発』東洋経済新報社，1991年（a）。
小池和男『仕事の経済学』東洋経済新報社，1991年（b）。
小池和男・猪木武徳（編著）『ホワイトカラーの人材形成―日米英独の比較―』東洋経済新報社，2002年。
小池和男（編）『プロフェッショナルの人材開発―キャリア研究選書 シリーズ日本の人材形成1―』ナカニシヤ出版，2006年。
神代和欣・桑原靖夫（編）『現代ホワイトカラーの労働問題』日本労働協会，1988年。
小林裕「パートタイマーの基幹労働力化と職務態度―組織心理学の視点から―」，『日本労働研究雑誌』479号，2000年。
小林啓孝『変革期の小売業の利益戦略―スーパー・コンビニ・百貨店の経営と管理―』中央経済社，1996年。
小林良暢「課長への道―昇格・昇進管理とサラリーマンの意識―」，橘木・連合［1995］第4章。
「座談会『103万・130万円の壁』―雇用管理と働く側の意識―」，『日本労働研究雑誌』605号，2010年。
佐藤厚「営業職の仕事と管理をめぐって―類型的事例研究―」，『日本労働研究雑誌』396号，1992年。
佐藤厚『ホワイトカラーの世界―仕事とキャリアのスペクトラム―』日本労働研究機構，2001年。
佐藤厚「典型の非典型による代替化は進んでいるのか」，『日本労働研究雑誌』501号，2002年。

佐藤厚『企業レベルの労働のフレキシビリティ―JIL 労働政策レポート 4 ―』日本労働研究機構，2003年。
佐藤厚（編著）『業績管理の変容と人事管理―電機メーカーにみる成果主義・間接雇用化―』ミネルヴァ書房，2007年。
佐藤博樹・鎌田彰仁（編著）『店長の仕事―競争力を生みだす人材活用―』中央経済社，2000年。
佐藤博樹「変貌する店長と『仕事世界』」，佐藤・鎌田［2000］第1章。
佐藤博樹・藤村博之・八代充史『新しい人事労務管理　新版』有斐閣，2003年。
佐野陽子他『多層化するホワイトカラーのキャリア―変わる企業の人材管理―』財団法人高年齢者雇用開発協会，1993年。
佐野陽子・川喜多喬（編著）『ホワイトカラーのキャリア管理―上場500社調査による―』中央経済社，1993年。
佐野嘉秀「パート労働の職域と労使関係―百貨店 A 社の事例―」，『日本労働研究雑誌』481号，2000年。
社会政策学会（編）『社会政策学会年報第39集　現代日本のホワイトカラー』御茶の水書房，1995年。
商業界『スーパーマーケット店長の教科書：食品商業2000年5月臨時増刊号』商業界，2000年。
商業界『スーパーマーケットチーフの教科書：食品商業2001年5月臨時増刊号』商業界，2001年。
菅山真次『「就社」社会の誕生―ホワイトカラーからブルーカラーへ―』名古屋大学出版会，2011年。
壽里茂『ホワイトカラーの社会史』日本評論社，1996年。
鈴木淳子「『日本的キャリア』の生成―研究者の部門間異動を事例として―」，『日本労働研究雑誌』476号，2000年。
武石恵美子「非正規労働者の基幹労働力化と雇用管理の変化」，『ニッセイ基礎研所報』26号，2003年。
竹内洋『選抜社会―試験・昇進をめぐる〈加熱〉と〈冷却〉―』リクルート出版，1988年。
竹内洋『日本のメリトクラシー―構造と心性―』東京大学出版会，1995年。
橘木俊詔（編）『査定・昇進・賃金決定』有斐閣，1992年。
橘木俊詔・連合総合生活開発研究所（編）『「昇進」の経済学―なにが「出世」を決めるのか―』東洋経済新報社，1995年。
田中慎一郎『戦前労務管理の実態―制度と理念―』日本労働協会，1984年。
谷口智彦『マネジャーのキャリアと学習―コンテクスト・アプローチによる仕事経験分析―』白桃書房，2006年。

辻勝次（編著）『キャリアの社会学―職業能力と職業経歴からのアプローチ―』ミネルヴァ書房，2007年．
東京都産業労働局産業政策部『パート労働者の人材開発と活用』東京都産業労働局産業政策部調査研究課，2002年．
冨田安信「大型小売業における技能形成」，小池［1986］第1章．
冨田安信「昇進のしくみ―査定と勤続年数の影響―」，橘木［1992］第3章．
永野仁『日本企業の賃金と雇用―年俸制と企業間人材配置―』中央経済社，1996年．
中村圭介「就業形態の多様化と労務管理」，『武蔵大学論集』38巻1号，1990年．
中村圭介・石田光男(編)『ホワイトカラーの仕事と成果―人事管理のフロンティア―』東洋経済新報社，2005年．
中村圭介『成果主義の真実』東洋経済新報社，2006年．
中村恵「組合の規制と職場集団の自律性―スーパーF社と百貨店G社―」，日本労働協会（編）『80年代の労使関係』日本労働協会，1983年，第8章．
中村恵「ホワイトカラーの企業内キャリア―その論点と分析枠組―」，『神戸学院経済学論集』19巻1号，1987年．
中村恵「海外派遣者の選抜と企業内キャリア形成―製造業事務系ホワイトカラーの場合―」，『日本労働協会雑誌』357号，1989年．
中村恵「パートタイム労働」，『日本労働研究雑誌』364号，1990年
中村恵「総合商社におけるキャリア形成」，1991年（a），小池［1991a］第3章．
中村恵「昇進とキャリアの幅―アメリカと日本の文献研究―」，1991年（b），小池［1991a］第7章．
中村恵「ホワイトカラーの労務管理と職種概念」，橘木［1992］第5章．
中村恵「ホワイトカラーのキャリアの幅―日本民間大企業の事例―」，社会政策学会［1995］．
中村恵「技能という視点からみたパートタイム労働問題」，『神戸学院経済論集』37巻3・4号，2006年（1989年初出）．
西野史子「パートの基幹労働力化と正社員の労働―『均等処遇』のジレンマ―」，『社会学評論』56巻4号，2006年．
西山昭彦「大企業ホワイトカラーの最終キャリア―A社における最終選抜―」，『日本労働研究雑誌』464号，1999年．
日本生産性本部経営アカデミー「ローテーションを通してみた人材育成の実態―主要企業の若手実務家グループによる研究レポート―」，『労政時報』3090号，1992年．
日本労働研究機構『資料シリーズNo.20　大卒社員の初期キャリア管理―採用・配置・定着の実態―』日本労働研究機構，1992年．
日本労働研究機構『調査研究報告書No.37　大企業ホワイトカラーの異動と昇進―「ホワイトカラーの企業内配置・昇進に関する実態調査」結果報告―』日本労働研究機

参考文献

構,1993年(a)。
日本労働研究機構『調査研究報告書 No.44 大卒社員の初期キャリア管理に関する調査研究報告書—大卒社員の採用・配属・異動・定着—』日本労働研究機構, 1993年(b)。
日本労働研究機構『ホワイトカラーの労働と生産性に関する総合的研究』日本労働研究機構, 1995年(a)。
日本労働研究機構『ホワイトカラー労働の日米比較』日本労働研究機構, 1995年(b)。
日本労働研究機構『調査研究報告書 No.68 ホワイトカラーの人事管理』日本労働研究機構, 1995年(c)。
日本労働研究機構『調査研究報告書 No.95 国際比較:大卒ホワイトカラーの人材開発・雇用システム—日,英,米,独の大企業(1)事例調査編』日本労働研究機構, 1997年。
日本労働研究機構『調査研究報告書 No.101 国際比較:大卒ホワイトカラーの人材開発・雇用システム—日,米,独の大企業(2)アンケート調査編』日本労働研究機構, 1998年(a)。
日本労働研究機構『資料シリーズ No.82 ホワイトカラーの管理技能を探る—暗黙知・影響手段・交渉・コミュニケーションの心理学—』日本労働研究機構, 1998年(b)。
日本労働研究機構『調査研究報告書 No.115 小売業・飲食店における経営と雇用』日本労働研究機構, 1998年(c)。
日本労働研究機構『調査研究報告書 No.129 変化する大卒者の初期キャリア—「第2回大学卒業後のキャリア調査」より—』日本労働研究機構, 1999年。
日本労働研究機構『資料シリーズ No.110 ホワイトカラーの管理技能を探る(その2)』日本労働研究機構, 2001年。
二村一夫「工員・職員の身分差別撤廃」,『日本労働研究雑誌』443号, 1997年。
乗杉澄夫・岡橋充明他「ホワイトカラーの仕事と能力形成の研究」,『2008 オンリー・ワン創成プロジェクト報告書』和歌山大学, 2008年。
乗杉澄夫「スーパーマーケットにおける店舗管理の変容—フルタイム人員の削減を中心に—」, 和歌山大学経済学会『経済理論』352号, 2009年。
乗杉澄夫・岡橋充明「スーパーマーケット店長の店舗管理—店長の仕事と能力—」, 和歌山大学経済学会『研究年報』14号, 2010年。
乗杉澄夫「スーパーマーケットの人事異動—店長を中心に—」, 和歌山大学経済学会『経済理論』357号, 2010年。
乗杉澄夫「スーパーマーケット正社員のキャリア分析」, 和歌山大学経済学会『経済理論』365号, 2012年。
乗杉澄夫「スーパーマーケット店長のキャリア」, 和歌山大学経済学会『経済理論』

366号，2012年。
花田光世「人事制度における競争原理の実態―昇進・昇格のシステムからみた日本企業の人事戦略―」，『組織科学』21巻2号，1987年。
林大樹「1980年代の流通業におけるパートタイマーの実態と意識」，『一橋論叢』106巻2号，1991年。
原ひろみ「正規労働と非正規労働の代替・補完関係の計測―パート・アルバイトを取り上げて―」，『日本労働研究雑誌』518号，2003年。
平野光俊『日本型人事管理―進化型の発生プロセスと機能性―』中央経済社，2006年。
本田一成「パートタイム労働者の基幹労働力化と処遇制度」，日本労働研究機構『研究紀要』6号，1993年。
本田一成「スーパーマーケットの標準化戦略とキャリア管理」，『日本労働研究雑誌』433号，1996年。
本田一成「パートタイマーの個別的賃金管理の変容」，『日本労働研究雑誌』460号，1998年。
本田一成「パート・アルバイトの基幹労働力化―現状と将来」，佐藤・鎌田［2000］第7章。
本田一成『チェーンストアの人材開発―日本と西欧―』千倉書房，2002年。
本田一成『チェーンストアのパートタイマー―基幹化と新しい労使関係―』白桃書房，2007年。
松尾睦・細井謙一・吉野有助・楠見孝「営業の手続的知識と業績―経験年数の媒介効果と知識獲得プロセス―」，『流通研究』2巻1号，1999年。
松尾睦・楠見孝・吉野有助「チーム営業を支えるリーダーの知識―広告会社における定性分析―」，『マーケティング・ジャーナル』19巻4号，2000年。
松尾睦『経験からの学習―プロフェッショナルへの成長プロセス―』同文舘出版，2006年。
松繁寿和「電機B社大卒男子従業員の勤続10年までの異動とその後の昇進」，橘木・連合［1995］第7章。
松繁寿和・梅崎修「銀行業における女性従業員の管理職昇進―キャリアと家庭，二者択一の局面―」，『日本労務学会誌』5巻2号，2003年。
松繁寿和・梅崎修・中嶋哲夫（編著）『人事の経済分析―人事制度改革と人材マネジメント―』ミネルヴァ書房，2005年。
三田里古「労働力の非正規化と職場の変化―生命保険会社A社の事例―」，奥西［2007］第3章。
三山雅子「パートタイマー戦力化と企業内教育」，『日本労働研究雑誌』377号，1991年。
宮本大・中田喜文「正規従業員の雇用削減と非正規労働の増加：1990年代の大型小売業を対象に」，玄田有史・中田喜文（編）『リストラと転職のメカニズム―労働移動

の経済学―』東洋経済新報社，2002年，第4章。
ミルズ，C. ライト『ホワイト・カラー―中流階級の生活探求―』杉政孝訳，東京創元社，1957年。
三輪卓己『知識労働者のキャリア発達―キャリア志向・自律的学習・組織間移動―』中央経済社，2011年。
村上忍『レイバースケジューリング―「店舗運営の生産性向上」思想と手法―』商業界，2004年。
八代充史『大企業ホワイトカラーのキャリア―異動と昇進の実証分析―』日本労働研究機構，1995年。
八代充史「経営管理職層の能力開発と職能資格制度」，『日本労働研究雑誌』434号，1996年。
八代充史『管理職層の人的資源管理―労働市場論的アプローチ―』有斐閣，2002年。
山本茂「ホワイトカラーの企業内技能形成―日本の銀行業を事例として―」，『日本労働研究雑誌』520号，2003年。
労働政策研究・研修機構（編）『労働政策研究報告書No.34　パートタイマーと正社員の均衡処遇―総合スーパー労使の事例から―』労働政策研究・研修機構，2005年。
労働政策研究・研修機構（編）『労働政策研究報告書No.61　現代日本企業の人材マネジメント―プロジェクト研究「企業の経営戦略と人事処遇制度等の総合的分析」中間とりまとめ―』労働政策研究・研修機構，2006年（a）。
労働政策研究・研修機構（編）『労働政策研究報告書No.68　雇用の多様化の変遷：1994〜2003』労働政策研究・研修機構，2006年（b）。
労働政策研究・研修機構（編）『労働政策研究報告書No.115　雇用の多様化の変遷Ⅱ：2003〜2007―厚生労働省「多様化調査」の特別集計より―』労働政策研究・研修機構，2010年。
労働政策研究・研修機構（編）『労働政策研究報告書No.138　雇用ポートフォリオ・システムの実態に関する研究―要員管理と総額人件費管理の観点から　』労働政策研究・研修機構，2011年。
労働政策研究・研修機構（編）『労働政策研究報告書No.145　雇用ポートフォリオ編成の研究―メーカーにおけるIT事業部門・研究部門と百貨店の事例―』労働政策研究・研修機構，2012年。
若林満「管理職へのキャリア発達―入社13年目のフォローアップ―」，『経営行動科学』2巻1号，1987年。
若林幸男『三井物産人事政策史1876〜1931年―情報交通教育インフラと職員組織―』ミネルヴァ書房，2007年。
脇坂明「スーパーにおける女子労働力」，岡山大学『経済学会雑誌』17巻3・4号，1986年。

脇坂明「女子労働者昇進の可能性—スーパー調査の事例から—」,小池 [1986] 第 2 章。
脇坂明「パートタイマーの類型化（Ⅰ）（Ⅱ）（Ⅲ）」,岡山大学『経済学会雑誌』27 巻 2 号／3 号／4 号,1995／1996 年。
脇坂明『職場類型と女性のキャリア形成　増補版』御茶の水書房,1998 年。
脇坂明／富田安信（編）『大卒女性の働き方—女性が仕事をつづけるとき,やめるとき—』日本労働研究機構,2001 年。
脇坂明「パートタイマーの基幹労働化について」,社会政策学会（編）『社会政策学会誌第 9 号　雇用関係の変貌』法律文化社,2003 年。
脇坂明・松原光代「パートタイマーの基幹化と均衡処遇（Ⅰ）（Ⅱ）」,『学習院大学経済論集』40 巻 2 号／3 号,2003 年。

あ と が き

　本書は，和歌山大学経済学部（以下，本学部と略）で組織された研究会の活動を基礎にしている。この研究会はホワイトカラー研究会（以下，研究会と略）という通称で2003年に発足し，ホワイトカラー研究ユニットという名称で本学部の研究組織に登録され，現在に至っている。

　研究会は，著者の一人である乗杉（以下，筆者）が，当時本学部に在職していた正亀芳造氏と松川滋氏に相談し，3人の連名で本学部の同僚に参加を呼びかけることから始まった。両氏には，研究会の趣旨にご賛同いただき，その運営にご協力くださったことに感謝している。

　呼びかけの文章のうち，特にその時の問題意識をよく表す部分を抜き出せば，下記のとおりとなる。

　これまでの研究が主にしてきたのは，ホワイトカラーのキャリア分析でした。すなわち，ホワイトカラーの職務・職場経験にどの程度の幅があるのか，という問題です。それに対して，職務それ自身や，それに必要な知識・能力の育成といった，より本質的な問題はほとんど研究されてきませんでした。その理由はおそらく，労働系研究者が単独で調査・研究を行ったため，専門的な職務内容を十分に理解できなかったためであるように思えます。会計学，商学，法学等のスタッフの参加が得られれば，調査・研究のレベルは一気に高まるでしょう。

　文章の前半で感じるのは，やはりホワイトカラーの仕事と能力形成に対する関心が中心をなしていることである。それに対して，管理を軸に仕事を解明するという視点はこのときにはなく，後に出版される中村・石田［2005］

から得ることになる。

　文章の後半はそのときの期待をよく表している。労働系研究者だけが集まるのではなく，会計学，商学，法学等のスタッフが参加してくれれば，これらの分野の専門家から有益な意見が得られるのではないかという期待である。その期待は裏切られなかった。2003年からほぼ2年間，研究会は主要な先行研究を対象に文献研究を行ったが，文献で述べられているさまざまなホワイトカラーの知識，能力がなぜ必要なのかについて，各分野の専門家から的確な説明を聞くことができた。著者と先の発起者以外で，これまで研究会に参加いただいた方々を挙げると，以下のようになる（五十音順）。岩田憲治氏，大津正和氏，岡田真理子氏，金川めぐみ氏，清弘正子氏，小薗麻未氏，佐々木壮太郎氏，佐藤史人氏，厨子直之氏，竹内哲治氏，土田俊也氏，樋口純平氏，本庄麻美子氏，マグレビ・ナビル氏，行待三輪氏。これらの方々にお礼を申し上げたい。

　調査対象のＡ社を最初に訪問したのは2005年の夏だった。そのきっかけとなったのは，Ａ社の幹部社員との出会いである。同氏にわれわれの調査研究の希望をお伝えしたところ，快く受け入れていただいた。本書があるのは同氏のおかげであり，同氏には大変感謝している。その後，主に2006年までの間にＡ社社員の方々から聞き取り調査を行ったが，これは，著者の他に，正亀氏，岡田氏，金川氏，岩田氏の参加を得て行われた。これらの方々にはいずれも貴重な時間をさいてくださったこと，有意義な質問をしていただいたことに感謝している。特に本書の第2章1で取り上げた養成人員に関する情報は，岩田氏の質問に端を発している。

　聞き取り調査の開始以後，研究会の重点は，そこから得られた知見を報告しあい，とりまとめることに移行した。それらの報告会では研究会のメンバーから貴重なご意見をいただくことができた。参加いただいた研究会のメンバーに感謝している。

　本研究の過程で筆者は，大阪を拠点とする社会労働研究会で2度報告する

あとがき

　機会を得た。同研究会の玉井金五氏，久本憲夫氏，大塚忠氏をはじめ，会員の方々からは，貴重なご質問，ご意見をいただくことができた。お礼を申し上げたい。特に，本書の第5章3で扱った人事異動の連鎖は，久本氏の示唆に端を発している。

　筆者にとって，研究会発足後の数年間は特に忙しい時期だった。研究会が発足した2003年は国立大学法人化の前年であり，就業規則の作成に明け暮れた年だった。さらにこの年は，本学部が学位授与機構による分野別研究評価の対象に選ばれたことにより，自己評価書の作成に忙殺された年でもあった。2004年，2005年は学部長として管理運営に携わるとともに，社会政策学会誌の編集副委員長として，学会誌秋季号に収録すべき分科会報告の選定，投稿論文の採否等に追われることになった。これらの仕事がなければ，人事データの分析はもっと早く着手できたであろうし，そうであれば聞き取り調査の内容もさらに充実していたはずであるが，それはないものねだりというものだろう。とにかく一書にまとめることができてよかった，というのが実感である。

　最後に，本書の出版を快くお引き受けいただいた法律文化社代表取締役田靡純子氏にお礼を申し上げたい。

　　2012年12月

著者を代表して

乗 杉 澄 夫

初 出 一 覧

序　章　乗杉澄夫・岡橋充明他「ホワイトカラーの仕事と能力形成の研究」,『2008 オンリー・ワン創成プロジェクト報告書』和歌山大学,2008年。
　（ただし,上掲論文だけでなく下記論文の導入部分も加えて再構成した）

第1章・第2章　乗杉澄夫「スーパーマーケットにおける店舗管理の変容―フルタイム人員の削減を中心に―」,和歌山大学経済学会『経済理論』352号,2009年。

第3章　岡橋充明・乗杉澄夫「スーパーマーケットにおける店舗と店長の管理」,和歌山大学経済学会『経済理論』353号,2010年。

第4章　乗杉澄夫・岡橋充明「スーパーマーケット店長の店舗管理―店長の仕事と能力―」,和歌山大学経済学会『研究年報』14号,2010年。

第5章　乗杉澄夫「スーパーマーケットの人事異動―店長を中心に―」,和歌山大学経済学会『経済理論』357号,2010年。

第6章　乗杉澄夫「スーパーマーケット正社員のキャリア分析」,和歌山大学経済学会『経済理論』365号,2012年。

第7章　乗杉澄夫「スーパーマーケット店長のキャリア」,和歌山大学経済学会『経済理論』366号,2012年。

■著者紹介

乗 杉 澄 夫（のりすぎ・すみお）
- 1953年　神奈川県横浜市に生まれる。
- 1976年　東北大学経済学部卒業
- 1980年　東北大学大学院経済学研究科博士課程中退
- 現　在　和歌山大学経済学部教授　博士（経済学）
- 著　書　『ヴィルヘルム帝政期ドイツの労働争議と労使関係』ミネルヴァ書房，1997年。

岡 橋 充 明（おかはし・みつあき）
- 1964年　大阪府に生まれる。
- 1989年　神戸大学経営学部卒業
- 1992年　神戸大学大学院経営学研究科博士課程中退
- 現　在　和歌山大学経済学部准教授

Horitsu Bunka Sha

ホワイトカラーの仕事とキャリア
―― スーパーマーケット店長の管理

2013年6月10日　初版第1刷発行

著　者　乗杉澄夫・岡橋充明
発行者　田靡純子
発行所　株式会社 法律文化社

〒603-8053
京都市北区上賀茂岩ヶ垣内町71
電話 075(791)7131　FAX 075(721)8400
http://www.hou-bun.com/

＊乱丁など不良本がありましたら、ご連絡ください。
お取り替えいたします。

印刷：亜細亜印刷㈱／製本：㈱藤沢製本
装幀：前田俊平

ISBN 978-4-589-03526-4

Ⓒ 2013　S. Norisugi, M. Okahashi　Printed in Japan

JCOPY ＜(社)出版者著作権管理機構　委託出版物＞

本書の無断複写は著作権法上での例外を除き禁じられています。複写される
場合は、そのつど事前に、(社)出版者著作権管理機構（電話 03-3513-6969,
FAX 03-3513-6979, e-mail: info@jcopy.or.jp）の許諾を得てください。

伊藤大一著
非正規雇用と労働運動
―若年労働者の主体と抵抗―
A5判・208頁・4095円

不安定な条件に不平不満をもつ若者がなぜ，労働組合に加盟し運動という「抵抗」をしたのか。徳島県の請負労働者組合の7年にわたる丁寧な調査をもとに，その実態に迫り，分析・考察。「新しい社会像」を作りだす主体を探る。

十名直喜著
ひと・まち・ものづくりの経済学
―現代産業論の新地平―
A5判・336頁・2940円

「ものづくり」の本質に立ち返り，より広い視野から捉え直すことで，社会・技術・文化にまたがる「ものづくり」を考える。三位一体の視点からのアプローチにより，日本型システムのイノベーションを図る。

圷洋一・堅田香緒里・金子充・西村貴直・畑本裕介著
社 会 政 策 の 視 点
―現代社会と福祉を考える―
A5判・258頁・2940円

社会政策の批判的考察の書。社会政策の捉え方や制度についての基本的な知識を共有し（1～4章），取り巻く環境を「空間」として問題化（5～7章），思想的・イデオロギー的な「視座」を理解する（8～10章）。12章で社会政策研究に論及。

久本憲夫・玉井金五編
〔社会政策Ⅰ〕
ワーク・ライフ・バランスと社会政策
A5判・318頁・3360円

現代の企業社会の諸問題――長期安定雇用，賃金処遇，査定と昇進，労働時間，男女共同参画，職業能力開発，最賃――について，歴史をふまえたうえで今日の到達点と課題を提示。精緻な労働運動史から社会政策の動態を知る。

加藤正治著
現代ホワイトカラーの管理と労働
―企業労働の理論的・実証的研究―
A5判・248頁・3570円

オフィス・オートメーションにより質・量的に増大しているホワイトカラーの変化を理論的・実践的に分析し，今後の研究課題を提示。今日的争点である能力主義管理の根拠と内容を考察し，熟練と管理機能の差異を明らかにする。

幸 光善著
現代企業労働の研究〔改訂増補版〕
―技術発展と労働・管理の視点を中心に―
A5判・432頁・7980円

世界的な構造不況が続くなか，産業・企業レベルでの再編・淘汰が行われ深刻な社会的問題が生じている。90年以降の日本鉄鋼企業の雇用・賃金動向と人事管理，および英国の動向を増補し，今日の実態と問題点を描出する。

――法律文化社――

表示価格は定価（税込価格）です